KB111592

직소와 왕권

— 한국과 일본의 민본주의 사상사 비교 —

하라 다케시 지음

김익한·김민철 옮김

지식산업사

直訴と王權　朝鮮·日本の'一君萬民'思想史

原　武史

(東京：朝日新聞社, 1996)

ⓒ Hara T. 1996

직소와 왕권

초　　판　제 1 쇄 인쇄　2000. 1. 25
초　　판　제 1 쇄 발행　2000. 1. 27
지은이　**原　武　史**
옮긴이　**김익한·김민철**
펴낸이　**김　경　희**
펴낸곳　**(주)지식산업사**
등록번호　1-363
등록날짜　1969. 5. 8
주　　소　서울특별시 종로구 통의동 35-18
전　　화　(02)734-1978, 1958, 735-1216
팩　　스　(02)720-7900
홈페이지　www.jisik.co.kr

책 값　**10,000원**

ⓒ 김익한·김민철, 2000

ISBN 89-423-1045-1　03910

이 책을 읽고 옮긴이에게 문의하고자 하는 이는
지식산업사 편집부로 연락바랍니다.

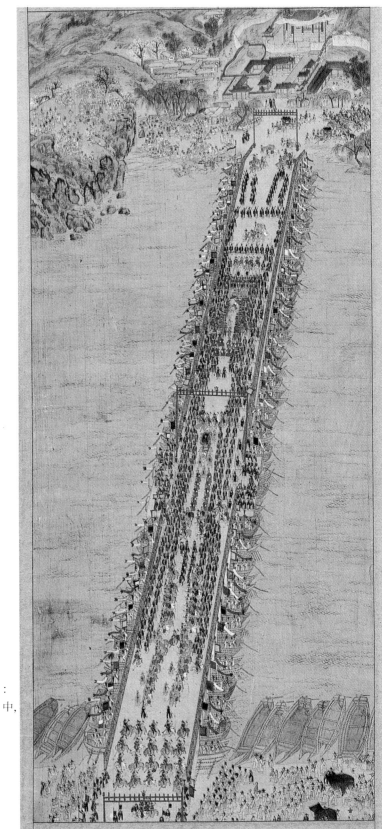

〈鷺梁舟橋渡涉圖〉：
〈正祖大王陵幸圖〉中,
덕수궁 궁중유물
박물관 소장

〈始興還御行列圖〉
(앞과 같음)

역자 서문

　이　책은　하라　다케시(原武史)의《直訴と王權—朝鮮·日本の
‘一君萬民’思想史》를 번역한 것이다.

　일반적으로 동서양을 막론하고 전근대 사회의 국가권력, 즉
왕권은 분권적이고 할거적인 지배방식을 통해 실현되었다. 다
만 각국의 역사적인 조건에 따라 그 형태를 달리하여 다양한 정
치체제를 만들어 내었을 뿐이다. 저자가 주목한 것은 바로 이
다양성의 측면이다.

　제목에서도 유추할 수 있듯이 저자는 우리에겐 조금 낯설긴
하지만 ‘일군만민’이라는 중심어(keyword)를 통해 조선과 일본
의 왕권을 비교정치사라는 틀을 이용해서 분석하였다. 즉 막말
일본에서 생겨난 고유한 정치사상인 ‘일군만민’ 사상을 조선에
도 확대 적용시켜 양국의 차이점을 밝히고자 하였다.

　그 동안 조선과 일본의 역사를 비교하는 글이 전혀 없었던 것
은 아니다. 그러나 비교의 대상이 주로 경제분야에 한정되어 있
었고, 그것도 보편적인 발전법칙을 적용하는 문제로 귀결시키

는 경향이 많았다. 정치체제를 다루었더라도 근대로의 전환기를 중심으로 한 것이 몇 편 있을 뿐이다. 따라서 이 책이 조선왕조와 도쿠가와 일본의 정치체제, 그것도 녹녹치 않은 왕권 문제를 본격적으로 다루었다는 점에서 신선한 자극과 많은 시사를 던지고 있다. 비교사가 일반적으로 안고 있는 문제, 즉 하나의 기준을 만들어 놓고 그 기준을 충족하느냐 충족하지 않느냐는 식으로 대차대조표를 만들어 체제의 우월을 비교하는 함정에서도 이 책은 벗어나 있다.

이런 점 외에도 책을 번역하도록 자극을 준 것은 저자가 꽤 까다로운 주제를 비교적 쉽게 썼다는 점이다. 일본의 역사 대중서가 갖고 있는 장점을 이 책도 가지고 있다는 말이다. 모두가 그렇다는 것은 아니지만 우리의 역사 대중서가 흥미를 위주로 하다보니 깊이가 없을 뿐만 아니라 사실 자체를 왜곡하는 경우도 심심찮게 있어 왔다. 그렇지 않으면 이것저것 상품이 될 만한 것만 짜깁기하여 내놓는 것도 흔하다. 반면 전문서들은 말 그대로 전문가만을 위한 책으로 한정되어 있고, 또한 그래야만 한다는 풍토가 여전하여 역사의 대중화와는 사실 거리가 먼 실정이다. 이런 면에서 이 책은 대중성과 전문성, 주제의 진지함과 읽기의 편함을 아울러 갖추고 있다. 그래서 번역도 특별한 전문 용어를 빼고는 가능한 본래의 뜻을 손상시키지 않는 선에서 쉬운 말로 풀어서 옮겼다.

꽤 거창한 이야기로 들릴지는 모르나 역사의 대중화가 실은 특정 집단이나 계층에게만 한정되었던 지식을 많은 사람들의 공유물로 만드는 것이라는 점에서 볼 때, 그리고 다른 사람의 말에도 귀기울여 우리의 시야를 더 깊고, 넓게 하는 것이라는 평범한 진리를 생각할 때, 이 책의 번역도 의미가 있으리라 생각한다.

일군만민이란 "도쿠가와 봉건체제에서 볼 수 있는 다원적인 권력분산을 천황으로 집중시켜 천황과 서민 사이에 끼여 있는 중간세력을 배제하는 동시에, 지배관계의 신분적 차별과 지역적 할거성을 배제하여 모든 인민을 똑같이 천황의 지배로 복속시키는 것을 원칙으로 삼는 사고"를 말한다. 도식화시켜 말하면, 군－신－민의 통치구조에서 중간 매개체인 신(臣)을 배제하고 직접 군과 민을 연결시키는 체제인 것이다.

저자는 일본에서는 도쿠가와 막부 말기에 나타난 일군만민론이 조선에서는 18세기에 이미 하나의 통치이념으로서 자리잡았으며, 정치사상사라는 측면에서 볼 때 이러한 특징은 중국이나 일본과는 달리 조선에서만 나타나는 고유한 현상이라고 보았다. 그리고 이를 뒷받침하기 위해 두 개의 주제를 설명의 축으로 삼았다.

하나는 통치자 측면에서의 접근이다. 이른바 군권과 신권의 관계로, 비교적 군권이 우위였던 시기에는 일군만민 사상이 관철되고 있었다는 것이다. 예를 들어 저자는 군권과 신권의 강약 관계를 중심으로 조선 후기를 다섯 시기로 나누고 있다. 이 가운데서 '탕평정치'를 편 영조와 정조의 집권기인 제2기와 고종이 대한제국을 세우고 황제가 되었던 제4기가 신권보다 군권이 우월했던 시기이며, 이 시기에 조선 특유의 민본주의, 즉 일군만민 사상이 실현되고 있었다고 본다. 그리고 이러한 사상은 단지 지배를 정당화하기 위한 이데올로기로서가 아니라 실제로 국왕이 민에게 좀더 가까이 다가가기 위해 스스로 믿고 실천했던 이념으로 작용했다는 것이다.

다른 하나는 민의 처지에서의 접근이다. 상소제도, 특히 왕에 대한 직소제도의 변화를 통해 조선왕조에서 일군만민 사상이 구체적으로 어떻게 실현되었는가 하는 것이다. 영조나 정조가 일군만민 사상을 실천하기 위해 자주 행차를 한 것은 민심을 알고자 함이며, 그리고 이를 정책에 반영하기 위한 것이었다. 직소제도는 바로 민심이 반영될 수 있도록 제도화된 장치이자 국왕과 민의 거리를 좀더 가깝게 만들어 주는 장치이기도 하였다. 따라서 통치를 받는 민 역시 일군만민 사상을 자신의 것으로 받아들였다는 것이다.

두 나라의 정치사에 대한 연구의 축적과 이를 기초로 서로를 비교해 들어가는 저자 나름의 독특한 해석은 상당한 설득력을 갖고 있다. 그러나 저자뿐만 아니라 전근대 정치사에서 아직까지 해명되지 못한, 따라서 의견이 분분한 문제에 대한 극복이라는 과제는 여전히 남아 있다.

우선 이 책에서도 편의적으로는 쓰고 있으나 실은 매우 중요한 개념인 군권(왕권)과 신권에 대한 규정조차 분명하지 않다. 조선사회에서 왕이란 '하늘을 대신하여 만물을 다스리는 존재[代天理物]'이다. 따라서 왕의 권한은 원리상 하늘에서 비롯된 것이다. 그렇기에 법을 초월하는 존재이다. 그러나 신하의 권한,

즉 신권은 왕에서 비롯된 것이다. 따라서 개념상 왕권과 신권은 그 권한의 근원이 다른 만큼 엄밀하게 구분해서 사용해야 할 것이다. 물론 '세도정치'처럼 신하들이 멋대로 권력을 휘둘러 '공권력'을 사유화하는 현상을 자주 보지만, 이 역시 왕권을 매개로 할 때 비로소 가능한 것이다. 우리가 흔히 쓰는 왕권과 신권은 마치 대등한 권한이 서로 갈등하는 것처럼 보이게 함으로써 전근대의 국가권력을 해명하는 데 문제를 낳고 있지 않나 생각한다.

그리고 잘 알고 있듯이 전근대의 일본이 분권적이었다면 조선은 중앙집권적인 경향이 컸다. 그러나 이러한 차이가 왜 일어났으며, 어떤 다른 결과를 낳았는가에 대한 설득력 있는 분석은 아직 없다. 현상의 차이에 대한 이야기는 많으나 정작 그 원인에 대한 설명이 없다는 것이다. 일본의 경우는 이런 해석도 가능할 것이다. 즉 봉건체제의 붕괴를 막기 위해서 분산되어 있던 권력을 왕으로 집중시킨 절대왕정처럼 일본 역시 신하인 막부에게 주어져 있던 권력을 군주인 천황으로 집결시켜 체제의 위기를 극복하고자 하여 나온 것이 일본의 일군만민론이다. 이러한 해석을 조선에 그대로 적용할 수는 없을 것이다. 저자의 주장처럼 조선왕조가 건국되는 초기부터 일군만민론이 통치이념으로 내재되어 있었다면, 그 근원부터 다른 셈이다. 이처럼 조선에서 독자적인 일군만민론이 나타나게 된 이유가 무엇인가는 해명해야 할 주요한 과제 가운데 하나일 것이다.

시간과 일에 쫓겨 당초 예정보다 번역 마무리가 많이 늦어졌다. 한국어판 출간을 고대해 온 저자에게 미안한 마음 전하며, 인내를 가지고 기다려 준 지식산업사 사장님과 편집부 직원들께도 다시 한번 고마움을 전하고 싶다.

2000년 1월

역자

한국어판 저자 서문

이번에 내 책이 김익한·김민철 두 선생에 의해 한국어로 번역·출판되게 되었다. 저자로서 더없이 기쁜 일이라 아니할 수 없다. 본문에도 썼듯이, 본래 내 전공은 한국사가 아니라 일본 근세 정치사상사(에도시대~메이지시대)이다. 별로 아는 것이 없음에도 불구하고 감히 한국사에 뛰어들게 된 데에는 나름의 이유가 있다.

앞으로의 일본정치사상사 연구는 단지 일본어 문헌을 읽고 일본에 대해서만 연구한다든지 또는 종래의 많은 연구가 그랬던 것처럼 서양사상사와의 비교를 통해 '근대성'을 측정하는 것만으로는 충분치 못하며, 중국을 포함한 동아시아(이른바 유교문화권) 전체 속에서 이 시기 일본의 '왕권' — 에도시대라면 막번체제, 메이지시대라면 근대 천황제라 불리는 체제 — 의 특징을 밝혀내지 않으면 안 된다고 판단하였기 때문이다. 이 책에서 조선왕조·대한제국과 동시대 일본의 '왕권'을 비교연구해 본 것은 앞으로의 정치사상사 연구를 위한 자그마한 시도에 지나지 않는다.

물론 이와 같은 연구가 가능했던 것은 내가 만나 뵐 수 있었던 한일 양국의 뛰어난 선학들의 가르침이 있었기 때문이었다. 내 시야가 일본에서 동아시아로 확대될 수 있었던 배경에는, 일본 정치사상사의 개척자인 마루야마(丸山眞男) 선생의 연구를 이어받으면서 마루야마 선생한테는 없었던 중국과 일본의 비교라는 관점을 도입한 와타나베(渡邊浩) 교수의 일련의 연구가 있었다. 또한 조선왕조에서의 직소(直訴)의 중요성과 정조(正祖)나 고종(高宗)의 정치사상 등에 대해서는 근래 열성적으로 연구를 진행하고 있는 이태진 교수(서울대)와 한상권 교수(덕성여대)의 저서나 논문에 크게 자극받았다. 인간적으로도 훌륭한 이 한국사 연구자 두 분을 만나지 않았다면 내 연구는 훨씬 더 빈약한 것이 되었음에 틀림없다.

이 책은 대부분의 학술서가 그런 것처럼 발간 후에 칭찬과 함께 여러 가지 비판을 받았다. 여기서 그 모두를 언급할 수는 없지만 대표적으로 한국근대사를 전공하는 쓰키아시(月脚達彦) 선생(도쿄외국어대학)의 서평(《朝鮮學報》第163輯, 朝鮮學會, 1997)을 소개해 보겠다. 이 서평은 A5판 12쪽에 이르는 본격적인 비평으로, 비판 부분만 소개하면 다음과 같다.

쓰키아시 선생은 먼저 고종에 대한 나의 평가가 전체적으로 너무 높다는 점을 사실의 오인이라는 측면과 함께 지적하고 있다. 예를 들면 1902년에 거행이 예정되었던 '고종황제 재위 40주년 기념축전[皇帝御極四十年稱慶禮式]'은 실제로 연기되었고, 제전(祭典) 외에 홍릉(洪陵) 이전사업이나 평양 이궁(離宮) 건설, 경로연(敬老宴) 등이 함께 추진되어 막대한 비용지출과 이에 따른 과중수탈이 초래되었다. 《매천야록》에 왕궁에 항의하는 투석, 왕조의 멸망을 예언하는 유언 등이 기록되어 있는 것으로 봐도 이 시기의 대한제국에 '일군만민(一君萬民)' 사상이 침투해 있었다고는 할 수 없다고 비판하였다.

또한 이와 관련해서 쓰키아시 선생은, 당시의 개화파에 대한 나의 평가에 대해 의문을 제기함과 동시에 고종 때 정조의 '일군만민' 사상이 단지 부활하였다고만 볼 것이 아니라, 거기에는 일본을 매개로 한 '근대'와의 접촉이 있었음을 더 중시해야 한다고 지적하고 있다.

쓰키아시 선생의 비판은 모두 충분히 새겨 볼 가치가 있는 내용들이다. 내 생각이 짧았던 부분은 솔직하게 인정하고 이후 더 깊은 연구를 계속해야겠다고 생각한다. 하지만 이러한 비판은 어디까지나 이 책의 부분적 수정을 요구하는 것이지 전체에 대한 비판이 아니라는 점에서, 이 책을 관통하고 있는 기본적인 관점은 아직 유효하다는 것에 대해서는 확신을 가지고 있다.

이 책에서는 그다지 상세하게 다룰 수 없었지만 이제부터는 왜 중국이나 일본이 아니라 조선에 가장 깊숙히 '일군만민' 사상이 침투했을까 하는 문제, 그리고 일본의 식민지 지배과정에서 나타난 두 가지 천황상의 문제에 대해서도 더욱 깊이 연구해 갈 필요가 있음을 강하게 느끼고 있다.

먼저 전자의 문제에 대해 간단하게 말한다면, 조선은 유교국가였지만 중국과는 달리 대한제국이 되는 1897년까지 국왕이 제천의례를 행하지 않았다. 이는 물론 중국 황제만을 유일한 '천자'라고 보는 중화사상과 관련되겠지만 동시에 군주에게 '천

(天)'을 '민(民)'으로 보는 조선의 독특한 사상을 만들어내는 요인이기도 하였다. "백성은 나라의 근본으로 임금의 하늘"이라 한 정도전이나, "아, 하늘이 나에게 내린 것은 백성이라. 하늘이 나에게 맡긴 것은 백성"이라 말한 영조(英祖)에게서 이러한 사상을 명확하게 발견할 수 있다. 즉 조선에서 '일군만민'의 사상적 근거는 유교의 '하늘'에 있었고, 행행(幸行)의 길에서 백성과 접촉하기도 하고 백성들의 소리에 귀기울이는 일이 국왕한테는 제천의례를 대신할 만한 중요한 의무로 생각되었던 점이야말로 조선에 '일군만민' 사상이 깊숙히 침투하게 된 이유라 생각한다.

후자의 문제에 대해서도 조금 상세히 언급하면, 두 가지의 천황상은 천황을 일본신화에 등장하는 천상세계 다카마가하라(高天原)를 지배하는 아마테라스 오미카미(天照大神)의 자손으로 현인신(現人神)이라고 보는 시각과, 천황을 대일본제국헌법에 규정된 입헌군주로 보는 시각을 말한다. 이 책의 제2부 4절에서 언급하고 있는 것처럼 양자는 상황에 따라 적당히 구분·사용되면서도 일체가 되어 근대 천황제를 형성하여 갔다. 즉 근대 일본에서 확립된 '일군만민'의 '일군'에는 유교원리에 기반한 조선왕조의 '일군'과는 전혀 다른, 현인신과 입헌군주라고 하는 두 개의 얼굴이 있었던 것이다. 이 점에 대해서는 본문에서 언급한 구노(久野收) 씨 등 많은 학자들이 이미 뛰어난 연구결과를 발표한 바 있다. 다만 여기에서 강조하고 싶은 것은 두 가지 천황상이 대외적으로도 적당히 구분·사용되었다는 사실이다. 조선왕조를 식민지화하는 과정에서 일본은 두 가지 논리를 완벽하게 구분하여 사용하였던 것이다.

14

1910년의 '합병' 때까지 일본은 스스로를 근대적 입헌군주국이라고 표현하고, 조선왕조의 국왕이나 대한제국의 황제를 일본과 같은 입헌군주로 하지 않으면 '세계의 대세'에 동승할 수 없을 것이라고 주장하였다. 그러나 일본은 대한제국을 '합병'하여 황제를 폐위시킨 다음 주장을 바꾸어 천황을 현인신이라고 다시 자리매김하였다. 1925년 아마테라스 오미카미와 메이지천황을 제사하는 조선신궁이 건설된 것은 이를 잘 말해주고 있다.

　　하지만 이와 같은 천황상이 당시의 조선민족에게 어느 정도 받아들여졌는가는 전혀 별개의 문제이다. 이 책의 말미에서 언급하고 있는 이희구(李熙龜)의 직소는, 쇼와(昭和)시대가 되어도 아직 천황을 입헌군주나 현인신이 아니라 조선왕조의 국왕처럼 사람들의 불안이나 괴로움을 호소할 수 있는 유교적 '일군(一君)'으로 보는 인물이 있었음을 선명하게 나타내주고 있다.

　　이웃 나라의 역사를 정치·사상·문화 등 여러 관점에서 서로 연구하는 본격적인 시도는 아직 출발단계에 지나지 않는다. 고려대학교 아세아문제연구소와 한일문화교류기금의 지원 아래 필자를 포함한 한일 양국의 학자들에 의해 1996년 만들어진 '한일공동연구포럼'도 그 하나이다. 바라건대 이 책이 한국과 일본의 상호이해를 위해 작은 도움을 줄 수 있게 되기를 바란다. 끝으로 이 책을 한국에서 출판하도록 권유해 주시고 번역의 괴로움을 감수해 주신 이태진 교수와 김익한·김민철 선생께 깊은 감사의 뜻을 전하고 싶다.

1998. 9. 26

하라 다케시

머리말

1995년 8월 15일. 한국이 일본의 식민지배에서 해방된 것을 기념하는 '광복절'날, 한국 각지에서 '광복 50주년'을 기념하는 경축식이 거행되었다. 그 가운데서도 서울에서 거행된 중앙 경축식은 매우 성대하였다. 기념해야 할 바로 이날에, 5만여 명의 인파가 지켜보는 가운데 지금은 국립중앙박물관이 된 옛 조선총독부 청사의 중앙돔 첨탑 부분이 대형 크레인에 의해 철거되었던 것이다.

이 조선총독부 청사는 조선왕조의 왕궁 가운데 하나인 경복궁(景福宮) 안에 있는데, 바로 그 뒤쪽에는 국왕이 정치를 관장하던 '근정전(勤政殿)'이 있다. 결국 청사는 왕조시대 정치의 중심을 가리려고 세웠던 것이다. 청사 건설과 더불어 장해가 되었던 경복궁 정문인 '광화문(光化門)'도 동문에 해당하는 '건춘문(建春文)' 옆으로 옮겨졌다(지금은 원래 자리로 돌아와 있다). 청사는 왕궁의 경관을 크게 변화시키면서 10년 가까운 세월을 거쳐 1926년에 완성되었다. 이후 이 건물은 '일제 식민통치의 상징'

17

잘라진 옛 총독부 청사 첨탑(1995. 8. 15 ; 사진 오옥균)

(《동아일보》 1995년 8월 16일자)으로 한반도에서 계속 군림하였
고, 해방 후에도 한국정부 청사와 박물관으로 사용되었다.

　따라서 조선총독부 청사를 철거하는 것은 '암울했던 과거를
청산하여 민족정기를 바로 세우고, 통일과 밝은 미래를 지향하
기'(주돈식 당시 문화체육부장관) 위해 필요한 절차였던 것이다.
1995년 8월 첨탑 부분의 철거에 이어 1996년까지 건물 전체를
철거해서 경복궁의 경관을 원래대로 복구할 예정이다. 이로써

최대의 왕궁인 경복궁이 약 70년 만에 그 위용을 드러내어 옛 왕조의 수도 서울(정식 명칭은 한성부)의 모습을 잘 볼 수 있을 것이다.

서울의 왕궁은 모두 조선왕조 때 건축되었는데, 본궁(국왕이 거주하면서 정치를 관장하는 왕궁)으로 사용된 3개의 왕궁이 특히 유명하다. 즉 서울에 도읍을 세운 14세기 말부터 일본군에게 소실된 16세기 말까지, 그리고 복구된 19세기 후반에 각각 본궁으로 사용되었던 경복궁, 17세기 초부터 19세기 후반까지 본궁으로 사용되었던 창덕궁(昌德宮), 그리고 19세기 말 이후 새로 본궁으로 사용되었던 덕수궁(德壽宮)이 그것이다. 현재 이들 왕궁은 모두 일반에게 공개되고 있다. 그러나 이번에 복원될 경복궁을 포함해서 그 규모는 그다지 크지 않다.

이것은 같은 동아시아에 속하는 중국(명·청)의 황성(皇城)과 일본의 에도성(江戶城 : 메이지 이후는 궁성, 현재는 왕의 거처)과 비교하면 잘 알 수 있다. 중국 황제의 주거지이자 집무장소였던 베이징(北京)의 황성은 남북으로 2.8킬로미터, 동서로 2.4킬로미터이며 그 내부엔 궁전인 자금성(紫禁城)이 있다. 또 쇼군(將軍)이 사는 막부정치의 중심이었던 일본 에도성의 경우, 성 안의 호(濠)로 둘러싸인 '내곽(內郭)'만 해도 남북으로 1.9킬로미터, 동서로 2.3킬로미터에 이른다. 그러나 조선의 왕궁은 제일 큰 경복궁이 남북으로 900미터, 동서로 50미터에 지나지 않는다.

게다가 중국의 황성 자금성, 그리고 일본의 에도성은 주위를 거대한 호로 둘러싸고 여러 개의 문으로 바깥과 차단되어 있다. 그곳으로 들어갈 수 있는 사람은 등록된 관리와 다이묘(大名)만으로 엄격히 제한되어 있었다. 이에 비해 조선의 왕궁에는 그런 도랑이 없고, 문을 열면 바로 일반인이 통행하는 도로와 닿아 있다. 따라서 국왕은 자주 이 문 앞에서 백성과 대화하고, 때로는 백성을 왕궁으로 부르기도 하였다. 군주와 백성의 거리가 중국이나 일본과는 달리 상대적으로 가까웠던 것이다.

이 때문에 18세기가 되어 조선에서는 노비를 포함한 일반백성들이 왕궁 밖으로 나오는 국왕에게 생활의 불안이나 고충 등을 '직소(直訴)'하는 일이 합법화되었고, 널리 퍼지게 되었다. 중국이나 일본과 달리 조선에서는 백성의 소리가 신하를 매개로 하지 않고 국왕에게 직접 전달되는 것이 가능하였다. 동시에 군주측에서도 그것을 유교정치의 본질로 보려는 사상이 뿌리내리게 되었다.

이 책에서는 조선왕조에서 나온 독자적인 이러한 사상을 '일군만민(一君萬民)'이라 부른다. 본문에서도 다룬 것처럼 이 용어는 원래 일본에서 만든 것으로 조선왕조에서는 쓰지 않았지만, 학술용어로서 조선에 적용할 수 있다고 판단하였다. 이 책은 이 용어를 중심어(keyword)로 삼아, 주로 18세기부터 20세기까지 조선왕조의 정치사상사를, 그리고 똑같이 이 용어가 사용된 일본과 비교하면서 서술하는 것을 주요 목적으로 하고 있다.

나는 일본정치사상사를 전공하고 있다. 원래 한국사 전공이 아니다. 한글을 배운 것도 최근이다. 적잖은 모험을 한 감이 없지 않다. 다만 이렇게 된 데에는 나름의 경위가 있다.

실은 몇 년 전부터 메이지 후기에서 중일전쟁(中日戰爭) 초기까지 왕의 행차[行幸]와 왕세자의 행차[巡啓]에 관한 자료를 지방 도서관을 돌아다니면서 모았다. 그 자료를 통해 엄청난 규율과 통제로 둘러싸인 '지배'의 실태를 밝혀냈다. 예를 들어 마지막 육군 특별 대연습을 실시한 1936년의 홋카이도(北海島) 행차에서는 철로 주변의 주민은 물론 열차가 지나는 메무로 본선(根室本線)의 선로에서 25킬로미터 떨어진 마을의 주민까지 왕이 통과하는 시간에 맞춰 선로쪽을 향해 경례하는 광경이 펼쳐졌다(《新釧路市史》). 결국 이 시기가 되면 철도 주변뿐만 아니라 왕이 방문하는 지역 전체의 주민들은 1분 단위로 행동의 규제를 받았던 것이다.

이것은 어떤 의미에서는 일본의 '일군만민'이 다다른 종착점이었다. 그것은 도쿠가와(德川) 시절 쇼군이 이에야쓰(家康)를 모신 닛코 도쇼궁(日光東照宮)에 참배하기 위해(이를 '日光社參'이라 한다) 닛코가도를 지나갈 때 길가의 사람들이 행렬을 향해 일제히 무릎을 꿇었던[土下座] 광경을 방불케 하는 것이었다. 물론 이 시절에는 1분이라는 시간 관념이 없었기 때문에 왕이 행차하는 곳을 더 철저하게 통제했는지도 모른다.

더구나 쇄국(鎖國)을 하고 있던 근세와는 달리 근대 일본은 '식민지 제국'이었다. 즉 조선과 대만, 화태(樺太 ; 지금의 사할린)라는 주변 지역을 거느리고, 지역에 따라 정도의 차이는 있지만 그곳에서 일본풍의 통치를 하였던 것이다. 그것은 각 지역에 고유한 정치사상과 정치문화를 뿌리째 파괴하고, 이제 서술하려는 일본의 지배형태를 '수출'한다는 것을 뜻하였다. 이런 관점에서 일본의 식민지통치를 볼 수도 있지 않을까 하는 생각이 들었다. 예를 들면 히로히토(裕仁 ; 뒷날 쇼와왕) 왕세자가 대만으로 행차했을 때, 그곳에서 일본과 같은 지배와 질서형태가 연출된 것에 대해서는 이미 와카바야시(若林正丈) 씨가 연구한 바가 있다. 그러나 가장 철저하게 일본풍으로 통치했던 조선에 대해서는 그런 연구가 없다.

몇 차례 한국에 가서 조사하는 동안, 앞서 설명했듯이 조선왕조에도 '일군만민'으로 부를 만한 확고한 정치사상이 있으며, 그것은 왕조의 존재에 규정받고 있다는 점, 그러나 그 사상의 구체적인 내용은 왕을 '군'으로 하는 일본의 '일군만민'과는 매우 다르다는 느낌을 받게 되었다. 1910년 일본이 대한제국을 '합병'(이른바 '한일합병')한 것을 '정치사'로 파악하는 종래의 방법과는 다른 시각을 여기에서 볼 수 있었다.

즉 '한일합병'이란 대한제국의 황제를 폐위시킴으로써 조선왕조 건국까지 소급할 수 있는 '오랜' 일군만민의 사상적 기반을 단절시키고, 그것을 대신하여 메이지 일본의 '새로운' 일군만민을 본격적으로 도입하기 위한 첫걸음이었다. 엄밀히 말하면 이 도입은 '합병' 이전부터 시도되었지만, '합병'과 더불어 조선 총독을 사실상의 왕으로 만든 식민지 통치 아래서 본격적으로 추진되었다고 생각한다.

물론 이것은 하나의 가설에 지나지 않는다. 다만 이 책에서는 조선왕조의 정치사상사를 근세·근대의 일본과 비교하면서 서술하고, 동시에 사상사적인 의미에서 한일'합병'과 일본의 식민지 통치를 검증하는 것에 큰 비중을 두고 있다.

차 례

들어가면서
— '일군만민'이란 무엇인가

'일군만민(一君萬民)'이란 무엇인가. 이 말은《광사원(廣辭苑)》
과 같은 사전에는 실려 있지 않다. 그만큼 일반인에게는 친숙하
지 않은 단어이다.

'존왕양이(尊王攘夷)'와 같은 사자성어(四字成語)처럼 유교의
고전에도 나와 있지 않다. 그도 그럴 것이 원래 이 말은 메이지
시대의 일본에서 '국체(國體)'를 찬미하기 위해 만든 단어였다.
전전(戰前)에 한문학자 모로하시(諸橋轍次 : 1883~1982)가 편찬
한《대한화사전(大漢和辭典)》1권(大修館書店, 1943)은 '일군만민'
을 정의한 몇 안 되는 사전 가운데 하나이다. 여기에서는 "일본
의 국체. 위로는 만세일계(萬世一系)의 왕을 받들고 아래로는 국
민을 통합하는 것인데, 왕의 마음을 공손히 받들어 일치단결하
는 것"이라고 설명하고 있다.

그러나 전후가 되면 그 뜻이 크게 바뀐다. 마르크스주의의 영
향을 받은 근대일본사와 일본정치사상사 분야에서 이른바 강좌
파적(講座派的)인 시각에서 메이지유신을 평가하기 위한 학술용

어로 이 말을 쓰기 시작하였다. 구체적으로 말하면, 막부 말기에 요시다 쇼인(吉田松陰 : 1830~1859)이 주창한 존왕론을 이론적으로 뒷받침하는 개념으로 언급된 것이다. 예를 들어 이 분야의 개설서《근대일본정치사상사》(有斐閣, 1971)에서 이노우에(井上勳)는 다음과 같이 서술하고 있다.

'천하는 한 사람의 천하이지, 천하의 천하가 아니다.' 통치의 주체·주권자는 다만 왕뿐이며, 그 한계 안에서 '만민'은 평등하게 '일군'에 대해 **직접** 충성을 바친다. 이것이 일군만민론의 기조이다. …… 이리하여 막번체제는 '일군'에 의한 충성 대상의 독점과 '만민'에 의한 평등한 충성행위를 막고 있다. 막번체제가 곧 비판의 도마 위에 올려져 해체의 대상으로 될 수밖에 없었던 것이다.(〈ネーションの形成〉, 강조는 원문)

이노우에에 따르면 이러한 '일군만민'론은 '황국(皇國)' 의식을 전제로 삼고 있다. 즉 막번체제 아래서는 쇼군에서 민중에 이르기까지 모든 사람들이 겉으로는 엄격한 상하관계에 놓여 있는 것처럼 보인다. 그러나 실은 '황국'에서 살아가고 있는 사실을 공감하고 있으며 '창생' '군신'으로 받아들이고 있다. 이 때문에 막번체제 아래서 한슈(藩主)와 쇼군(將軍)에 대한 충성행위는 원리적으로 부정되고, 왕에 대한 충성으로 통합되어 간다. 이 사상은 똑같이 막부 말기에 나온 '공의여론(公議輿論)' 사상과 결합함으로써 막부 타도에서 유신으로 향하는 거대한 에너지를 공급하는 역할을 하게 된다.

이노우에와 같은 설명이 《정치학사전》(中村哲·丸山眞男 외편, 平凡社, 1954)에서도 보인다. 거기에서도 '일군만민'을 "도쿠가와 봉건체제에서 볼 수 있는 다원적인 권력분산을 천황으로 집중시켜 천황과 서민 사이에 끼여 있는 중간세력을 배제하는 동시에, 지배관계의 신분적 차별과 지역적 할거성을 배제하여 모든 인민을 똑같이 천황의 지배로 복속시키는 것을 원칙으로 삼는 사고"라는 뜻으로 풀이하고 있다.

이처럼 '일군만민'이라는 개념은 일반적이지는 않지만 적어도 학술적으로는 확립된 것으로 볼 수 있다. 좀더 엄밀하게 말하면, '군'은 천황을 가리키며, '일군만민'은 막말(幕末)에 일본에서 생겨난 고유한 정치사상이 된다. 따라서 존왕(尊王)의 지사(志士)들이 현실의 막번체제를 부정하고, 그들이 이상으로 삼는 천황 중심의 정치를 실현하기 위한 일종의 이데올로기라 할 수 있다.

그러나 서두에서 소개한 모로하시의 정의에서 보듯이 군주가 주권을 장악하고 있는 국가에서도 '일군만민'은 이데올로기로서 존립할 가능성이 충분히 있다. 자세한 것은 뒤에서 다루겠지만, 메이지유신이 달성되어 천황이 쇼군 대신에 권력을 장악함으로써 '일군만민'은 사상적인 생명을 이어가게 된다.

그런데 이런 현상이 막말에서 메이지에 이르는 일본에서만 해당되는 것일까. 일반적으로 막부처럼 천황보다 권력이 훨씬 강한 봉건세력이 없으며, 황제와 국왕이 일관되게 정통적인 지배자로 있는 '전근대'의 왕조국가에서도 그 지배를 지탱하는 이데올로기가 변하지 않는 것은 아니다. 왕조가 바뀌어 지배체제가 변할 때는 그에 앞서 '일군만민'에 해당하는 기존의 체제를 부정하는 획기적인 사상이 나타난다. 물론 그 사상은 혁명으로 수립된 새로운 왕조의 지배를 정당화하기 위해 일시적으로 나타나지만, 때로는 그 사상이 왕조의 성격을 근본적으로 규정하여 몇백 년이 지난 뒤에까지도 계속 '끈질긴 저음(低音)'을 냄으로써 왕조의 역사에 큰 영향을 끼친 것도 있다.

나는 그의 전형적인 예를 이웃 나라에서 찾을 수 있었다. 즉 1392년 고려왕조를 무너뜨리고 수립되어, 1910년 '한일합병에 관한 조약'으로 멸망한 조선왕조(1897년부터는 국호가 '대한제국'으로 바뀜)에서도 일본의 '일군만민'에 해당하는 사상적 흐름이 계속 존재해왔다는 것이 이 책의 일관된 시각이다.

물론 이렇게 말하면 바로 다음과 같은 강한 반론이 나올 것이다. 즉 유교를 중국에서 본격적으로 받아들였던 조선왕조에서는 중국을 본떠 세습군주[군]가 과거로 선발한 양반관료[신]와 함께 지배층을 형성하여 일반 인민[민][1])을 다스리는 군-신-민이라는 지배구성을 처음부터 받아들여 '중앙집권적 양반관료체제[2])가 만들어졌다. 여기에는 '일군만민'이 아니라 '군신공치(君臣共治)'가 바로 지배이념이었다. 따라서 군주가 권력[君權]을 장악하고 있다 해도 그것은 무한하지 않다. 신하의 권력[臣權]이 항상 그것을 검토하였으며, 그러한 구성은 적어도 일본이 개입하는 19세기 말까지는 변하지 않았던 것은 아닐까. 그렇다면 조선에서는 양반관료에 의한 지배를 원리적으로 부정하는 뜻이 담긴 '일군만민' 사상이(예를 들면 1936년 일본의 2·26사건에서 청년장교들이 왕의 친정을 원한 것처럼 돌발적인 것도 있지만) 애당초 없었다는 반론이다.

이 반론은 일단은 그럴듯하게 들린다. 중화제국과 비교해 볼 때 조선왕조의 신권이 훨씬 컸음은 분명하다.[3] 물론 책봉체제로 편입되어 중국을 종주국으로 받들고 있던 조선국왕에게는 '하늘'로부터 지배의 정통성을 부여받아 지상에서 지고한 지배자로 된 중국 황제처럼 일원적이고 집중적인 권력은 없었다. "대신들조차 …… 알현하기 위해서는 황실의 첫 번째 문인 대청문(大淸門)을 지나 약 2킬로미터의 길을 걸어가는데, 그 사이에 7개의 문을 통과해야만"(宮崎市定, 《雍正帝》) 했던 베이징의 황성 자금성이 가진 거대한 규모를 서울의 왕궁인 경복궁과 창덕궁에서는 기대하기 힘들다. 자금성을 이고 있는 중국이 '황제전제(皇帝專制)'로 기울기 쉬운 반면, 조선이 '군신공치'로 된 이유도 수긍이 갈 것이다. '모든 인민은 오로지 왕의 지배를 받는다'라고 정의한 《정치학사전》의 '일군만민' 속에는 오히려 중국쪽에 그와 유사한 사상이 뿌리내리기 쉬운 환경이었을지도 모른다.[4]

그러나 여기서는 두 가지 점을 주의하고 싶다. 하나는 '일군만민'이라는 단어 자체가 일본에서 만들어졌지만, 군주 외의 모든 사람을 민으로 보는 발상은 결코 유교와 무관하지 않다. 오히려 유교의 민본사상과 연결된 것이었다. 결국 조선왕조가 유교를 근본적인 지배 이데올로기로 삼는 한 '군신공치'가 잠재적으로 갖고 있는 '모순'은 계속 존재했다는 점이다. 또 하나는 조선왕조에서 군―신―민이라는 지배구성이 기본적으로는 변하지 않았음에도 군과 신이 항상 지배자로서 공존하여 군권과 신권이 평형관계에 있었던 것은 아니라는 점이다. 즉 실제로는 어느 한 쪽이 강하고 다른 쪽은 약한 관계에 있어, 그 강약에 따라 정치형태가 크게 변했다는 점이다.

우선 전자부터 살펴보자. 지배자와 피지배자를 각각 '군'과 '민'으로 파악하여, 천하는 군을 위해 있는 것이 아니라 민을 위해 있다고 설명하는 이른바 민본사상은 《서경(書經)》 오자지가 (五子之歌)의 "민은 나라의 근본으로 근본이 튼튼하면 나라가 평안하다"와, 《맹자》 진심장구(盡心章句)에 나오는 "민을 귀하게 여기고, 사직은 그 다음이며, 군주는 가볍게 여긴다"는 구절을 거론할 것까지도 없이, 유교경전[四書五經] 곳곳에서 쉽게 볼 수 있는 사상이다. 앞에서 소개한 일본의 '일군만민'론은 일반적으로 '의리'로 결합한 유교적인 군신관계를 비판하면서 나타난 것이긴 하나,[5] 이 점에 관한 한 역시 유교 사상을 답습하고 있다. 예를 들면 요시다 쇼인은 맹자의 강의를 한곳에 모은 저서 《맹자여화(孟子餘話)》에서 오른쪽 여백에 "군주의 처지에서 보면 인민만큼 귀한 것은 없다. 이 군주와 민은 개벽한 이래 단 하루도 떨어질 수 없었다. 때문에 군주가 있으면 민이 있고, 군주가 없으면 민은 없다. 또 민이 있으면 군주가 있고, 민이 없으면 군주도 없다"고 언급하고 있다.

조선왕조에서는 이같은 민본사상이 14세기 말 초대 국왕이었던 태조 이성계(李成桂 : 1335~1408, 재위 1392~1398)의 참모로서 유교를 지배 이데올로기로 구축하려고 노력한 정도전(鄭道傳 : 호는 三峰, ?~1398)에게서 일찌감치 나타났다. 예를 들어 그는 "먼 옛날 법으로 세상을 다스리고 천자가 작위를 열어 녹봉을 내린 것은 신하를 위해서가 아니다. 모두 민을 위해서이다. 따라서 성인(聖人)의 행동·시설·명령·법제 하나하나는 반드시 민을 근본으로 한다"(《經濟文鑑》下, 縣令)라고 서술하여 '반드시 민을 근본'으로 삼았던 고대 중국의 정치를 이상으로 내걸었다. 동시에 그는 "대저 군주는 나라에서 나오고, 나라는 민에게서 나온다. 민은 나라의 근본이자 군주의 하늘이다. 때문에 《주례(周禮)》에도 있듯이 민의 수를 왕에게 보고하면, 왕은 엎드려 이를 받는다. 하늘을 중요하게 여긴 까닭이다. 군주된 자가 이 뜻을 안다면 민을 사랑하는 까닭이 지극할 수밖에 없다"(《朝鮮經國典》上, 賦典)라고 하여 군주에게 민이란 '하늘'과 같은 극히 높은 존재임을 주장하고 있었다.

이를 바탕으로 정도전은 고려왕조(918~1392)의 타도를 역성혁명(易姓革命)이라는 이름으로 정당화한다. 고려왕조처럼 부패한 지배 아래에서는, "관리를 둔 근본은 민을 위해서이다. 그런데 지금의 민은 부모와 같은 존재인가. 아니다. 오히려 민을 좀먹듯 하고 있다. 민에게 무슨 희망이 있겠는가"(《經濟文鑑》下, 縣令)라는 상황처럼, 관료층이 군주의 권력을 업신여겨 사실상의 지배자로 행동하며 민에 대한 수탈을 방치하는 비참한 상황이 일어나고 있었다. 따라서 조선왕조를 건국한 것은 이러한 폐해를 없애고 '민을 근본으로 하는' 유교원리에 기초한 새로운 왕조를 건설하는 것에 지나지 않았던 것이다.

물론 그는 한편으로 '신하'의 기능을 중요하게 여겨, 다음과 같이 신하의 권한에 관한 상세한 규정을 마련하고 있다.[6]

1. 국왕의 권력을 직접 제한하기 위한 합의기관[議政府]의 재상인 영의정·좌의정·우의정의 권한.
2. 중앙행정을 담당하는 6개 기구[六曹]의 권한, 즉 인사를 관장하는 이조(吏曹), 국가재정을 관장하는 호조(戶曹), 외교와 교육을 관장하는 예조(禮曹), 군사행정을 관장하는 병조(兵曹), 사법과 노비를 관장하는 형조(刑曹), 토목·건축과 관청 수공업을 관장하는 공조(工曹)의 권한.
3. 국왕의 전제나 관료의 부정을 감시하는 대간(臺諫), 즉 인사상의 부정(수뢰와 증여)을 감찰하는 사헌부(司憲府), 국왕에 대한 간쟁(諫諍)과 비판을 맡은 사간원(司諫院)의 권한.
4. 지방행정과 재판을 맡은 수령이나 감사(관찰사라고도 함)의 권한.

  실제로 조선왕조는 정도전의 이러한 건국계획을 대부분 수용하여 세워졌는데, 이런 점에서는 분명 '군신공치'의 체제가 받아들여졌다. 그렇지만 그가 건국에 즈음하여 신권을 일단 원리적으로 부정하고 군과 민의 연결을 매우 강조한 것은, 단기적으로는 이 글에서 서술할 신문고(申聞鼓) 설치와 같은 정책에 영향을 끼쳤고, 장기적으로는 18세기에 조선 고유의 '일군만민' 사상을 본격적으로 불러일으킨 하나의 중요한 동기가 되었다고 생각한다.
  다음으로 후자, 즉 군권과 신권의 시기적인 강약관계에 대해서 보자. 조선 후기만 보아도 양쪽의 세력 차이에 따라 적어도 다섯 가지의 정치형태가 존재한 듯이 보인다. 그것을 나누어서 정리하면 다음과 같다.[7]

1기[16세기 후반부터 18세기 전반까지]

· '사림정치' '붕당정치'라 부르는 시기 : 이념적으로는 '군신공치'를 내세우는데, 점점 군권보다 신권이 우월해져 간다.

선조(宣祖 : 1552~1608, 재위 1567~1608)

광해군(光海君 : 1575~1641, 재위 1608~1623)

인조(仁祖 : 1595~1649, 재위 1623~1649)

효종(孝宗 : 1619~1659, 재위 1649~1659)

현종(顯宗 : 1641~1674, 재위 1659~1674)

숙종(肅宗 : 1661~1720, 재위 1674~1720)

경종(景宗 : 1688~1724, 재위 1720~1724)

2기[18세기 전반부터 후반까지]

· '탕평정치'라 부르는 시기 : 신권보다 군권이 우월하다.

영조(英祖 : 1694~1776, 재위 1724~1776)

정조(正祖 : 1752~1800, 재위 1776~1800)

3기[19세기 초부터 대한제국 성립(1897)까지]

· 일반적으로 '세도정치'라 부르는 시기 : 군권보다 신권이 우월하다.

순조(純祖 : 1790~1834, 재위 1800~1834)

헌종(憲宗 : 1827~1849, 재위 1834~1849)

철종(哲宗 : 1831~1863, 재위 1849~1863)

고종(高宗 : 1852~1919, 재위 1863~1907)

4기[대한제국 성립부터 제2차 한일협약 체결(1905)까지 고종시대에 해당한다]

· 고종은 황제가 된다. 제정기(帝政期) : 신권보다 군권이 우월하다.

5기[제2차 한일협약 체결에서 한일합병(1910)까지]

· 이토 히로부미(伊藤博文)가 통감이 되어 '신하'로서 황제를 모

신다. 통감정치기 : 군권보다 '신'권이 우월하다.

고종·순종(純宗 : 1874~1926, 재위 1907~1910)의 시대에 해당

이 시기구분에 따르면 군권이 계속 신권에 의해 제약을 받았던 것만은 아니다. 군권에 대한 신권의 우위를 부정하고 신권에 대한 군권의 우위로 반전시킨 '역전현상'이 1기부터 2기, 3기부터 4기에 걸쳐 두 번 일어나고 있다. 더욱이 2기와 같이, 그 우위가 반세기 이상이나 지속된 것도 주목할 만하다.

이처럼 두 번의 '역전현상'이 일어났던 배경으로는, 중국처럼 군주가 신하와 민으로부터 초월해 있고 "일반 민은 천자와 완전히 다른 세계에 살고"(宮崎市定,《雍正帝》) 있는 것과는 달리, 군주와 민의 거리가 상대적으로 가까웠던 조선 특유의 사정을 들 수 있다. 예를 들어, 중국에서는 황제가 자금성 밖으로 나간 것이 어디까지나 왕조와 황제 자신을 위한 것이었지 민의 생활상이나 그들의 생각을 알기 위해서가 아니었다. 청조(淸朝)의 성조 강희제(聖祖 康熙帝 : 1654~1722, 재위 1661~1722)와 고종 건륭제(高宗 乾隆帝 : 1711~1799, 재위 1735~1795)가 자주 강남지방(이른바 華中)으로 행차한 것도 사장(死藏)된 현금을 일부러 쓰기 위해 생각해 낸 것으로 유람의 성격이 강했다.

그런데 앞의 시기구분에 대해 말하면, 같은 시기에 해당하는 2기에 조선에서 영조와 정조가 서울의 왕궁이나 이를 둘러싼 도성 밖으로 행차했던 목적은 중국과는 크게 달랐다. 조선에서는 국왕이 왕궁의 문 밖이나 도성 밖에 있는 왕릉으로 가는 도중에 길가에 있던 민과 자주 접촉하면서 그들의 하소연에 열심

그림. 조선왕조 계보도

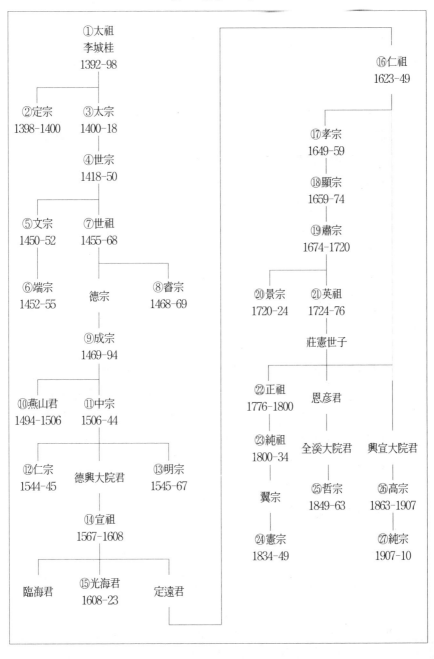

히 귀를 기울였고, 때로는 직접 들은 그들의 의견을 궁중에서 신하와 함께 정책을 결정하는 데 반영하는 일까지 공공연히 있었기 때문이다.

결국 조선에서는 중국이라면 생각해 볼 수도 있는 기존의 지배를 정당화하기 위한 이데올로기로서가 아니라, 군주가 신하를 뛰어넘어 민에게 좀더 가까이 다가감으로써 당시의 신권 우위 체제를 군권 우위로 역전시키기 위한 궁극의 이상으로서 국왕 자신이 분명하게 '일군만민' 사상을 믿었던 것이다.

이상의 두 가지 점을 주목한다면 조선왕조에서 '일군만민' 사상이 반드시 없었다고는 할 수 없을 것이다. 그런데 왕 자신이 '일군만민'을 적극 제창하지 않았던 일본과는 달리, 조선에서는 18세기에 영조와 정조가 스스로 '민'에게 접근하면서 그것에 기초를 둔 정치를 펴는 한편, 유교 경전의 독자적인 읽기를 통해 이 사상을 확립시켰다.

19세기 세도정치라고 하는 정치형태 아래에서 '일군만민' 사상은 일단 중앙정계에서 사라진다. 그러나 사상적 생명까지 끊겼음을 뜻하지는 않는다. 그것은 주로 재야의 양반 지식인들에게 계승되어 마침내 최대의 민란인 갑오농민전쟁(1894~1895)을 일으키는 원동력이 되었다. 또한 19세기 말에 황제가 되었던 고종에 의해 다시 지배 이데올로기로 되살아나, 일본이 추진한 갑오개혁과 통감정치, 특히 '합병' 후의 식민지배에 대항하기 위한 저항 이데올로기로서도 기능을 하게 되었다.

물론 오늘날의 민주주의 사회에서 보면 '일군만민' 사상에는 많은 문제가 있다. 국왕과 황제의 존재도 구속하는 초월적인 법의 관념, 국왕과 황제가 법을 위반하면 그들 역시 법정에 선다는 보편적인 법의 관념은 없다. 전제정치(despotism)의 실태를 은폐하고 그것을 정당화하기 위한 고도의 교묘한 사상이라고도 말할 수 있다.

그러나 이 글에서는 지금과 같은 수준에서 과거의 사상을 내려다보고 단죄한다든가 비판하려는 자세를 취하지는 않는다. 어디까지나 역사상의 구체적인 사실에 따라 그 사상이 조선왕조의 역사에서 끼쳤던 긍정적인 역할을 일본과 비교하면서 해명하는 데 관심을 두고 싶다.

주 ─────────

1) 조선왕조에는 양반, 중인, 상민, 천민 네 가지 계급이 있다. 여기서 말하는 '민'이란 좁은 의미로는 상민(농민, 직인, 상인)과 천민(노비, 승려 등)을, 넓은 의미로는 재야의 양반과 중인층을 포함한 피지배자 전부를 가리킨다. 이하 '민'이라는 말을 쓸 경우, 특별한 단서를 달지 않는 한 넓은 의미로 사용하고자 한다.

2) 김기춘 편, 《조선시대형전》, 1990, 20쪽.

3) JaHyun Kim Haboush, *A Heritage of Kings*(New York : Columbia University Press, 1988)의 18쪽에 따르면, 조선왕조의 신권은 중국에 비해 훨씬 강했으며, "조선이라는 국가의 과두정적인 성격은 자연히 국왕이 관료의 압력에 저항하는 것을 (중국보다) 매우 어렵게 하였다"고 한다.

4) 《世界宗教史叢書 10 儒教史》(山川出版社, 1987)에서 "일군만민 체제의 확립을 일차적인 과제로 삼은 북송의 시대사조"(248쪽)라는 문장 속에 이 말이 사용되고 있다.

5) 예를 들면 井上勳, 〈ネーションの形成〉, 89쪽과 島田虔次, 《朱子學と陽明學》(岩波書店, 1967), 97~98쪽 등을 참조.

6) 한영우, 《정도전 사상의 연구》(서울대학교 한국문화연구소, 1973), 110~123쪽을 참조.

7) 시기구분에 대해서는 이태진, 〈조선왕조의 유교정치와 왕권〉, 《한국사론》 23(1990) ; 정만조, 〈조선시대의 사림정치〉, 《한국사상의 정치형태》(일조각, 1993)에서 시사를 받았다.

제1부

18세기의 조선과 일본

1. 이전의 역사와 배경

국왕에게 직소하는 길 — 소원제도의 발달

앞에서 서술했듯이 태조 이성계의 참모 정도전이 제창했던 유교적인 민본사상이 고려왕조의 타도를 역성혁명으로 정당화하기 위한 단순한 이데올로기로 끝난 것만은 아니었다. 그것은 조선왕조가 개국한 후에도 정책에 실제로 반영된다. 태조로부터 2대 후에 국왕이 된 태종(太宗 : 1367~1422, 재위 1400~1418)이 즉위한 직후인 1401년(태종 원년)에 중앙 사법기관 가운데 하나인 의금부(義禁府) 당직청(當直廳)에 '등문고(登聞鼓)'가 설치되었는데, 이것이 바로 그 구체적인 형태이다.

등문고는 일반인들이 호소할 경우 군주에게 이를 알리기 위해 울리는 큰 북으로, 뒷날 신문고(申聞鼓)로 이름이 바뀌었다. 그런데 신문고는 조선왕조가 독자적으로 만든 것은 아니며, 당시 중국 법제인 대명률(大明律)에 규정이 있었다.

1395년(태조 4)에 대명률을 번역해서 만든 《대명률직해(大明

律直解)》의 권 제22, 형률, 소송에 "만약 군주의 행차를 맞아 등문고를 쳐 소원할 때, 실효가 없는 자는 곤장 100대, 사안이 무거운 자는 무거움에 따라 논하고, 실효를 얻은 자는 죄를 면한다"는 규정이 있는데, 등문고라는 용어도 여기서 직접 유래한 것이다.

그런데 '실효가 없는 자 ……, 실효를 얻은 자 ……'라는 규정의 순서에서도 알 수 있듯이 중국의 대명률에서는 '등문고를 치는' 행위 자체가 기본적으로는 범죄행위에 속해, 부당한 직소에 대한 처벌이 우선 정해졌다. 정당한 직소라 해도 그것은 원래 부과되었던 죄가 면제되는 것뿐이었다. 전체적으로는 군주에 대한 직소를 사전에 방지하는 측면이 강했다. 달리 말하면 당시 중국의 경우 등문고에 관한 규정이 있기는 하나 실제는 직소수단으로써 그만큼 활용되지는 못했다.

이에 비해 조선에서는 전혀 다른 모습이 나타났다. 그것을 잘 보여주는 예로써 《태종실록》에 실린 글을 소개하겠다. '실록'은 국왕이 죽은 뒤에 그 국왕이 한 일을 연월일 순으로 모은 편년체 사서(史書)인데, 조선왕조에서는 태조부터 순종까지 모든 국왕과 황제의 실록이 남아 있다. 조선시대를 연구하는 데 가장 중요한 사료 가운데 하나임은 말할 것도 없다. 이 글에서도 자주 사료로 인용할 것이다. 다음에 든 것은 신문고를 설치한 직후인 1402년(태종 2) 1월 기유(己酉)에 내린 태종의 명령[受敎]을 보여주는 《태종실록》의 기사이다.

억울함을 아직 호소하지 못한 자는 서울에서는 해당 관청에, 지방에서는 수령과 감사에게 호소하고, 해결이 나지 않으면 사헌부에 호소하라. 사헌부에서도 해결되지 않으면 와서 신문고를 두드려라. 무죄임이 명확히 밝혀지면 당시의 관청에서 해결을 못한 자(관리)를 법에 따라 유죄로 한다. 월소자(越訴者) 또한 법에 따라 유죄로 한다.

결국 조선에서는 민이 부당한 죄를 입었을 경우 면죄를 호소하는 3단계의 상소(上訴) 수단이 규정되어 있는 셈이다. 서울[1]에서는 육조(六曹) 가운데 해당 관청, 지방에서는 수령 또는 감사(관찰사)에게 우선 호소하고, 그 '판결'에 불복하면 사헌부에 호소하고, 그래도 불복하면 신문고를 울리는 수단이 그것이다. 여기서는 군주에 대한 직소를 뜻하는 신문고가 이른바 '최종심(最終審)'의 역할을 했으며, 그 기능을 매우 중요하게 여겼음을 알 수 있다. 게다가 그 결과 직소가 받아들여지면 이전의 소송을 심리한 담당 관료를 처벌하는 규정까지 두었고, 정당한 수속을 밟지 않은 월소(越訴)라 판단될 경우에 한해 그것을 범죄행위로 여기는 규정도 있다.

앞서 인용한 《대명률직해》와 비교할 때 얼마만큼 획기적인 규정인가를 알 수 있을 것이다. '민은 나라의 근본이며 임금의 하늘'이라는 정도전의 말이 우선은 신문고에 관한 태종의 명령에서 구체화되었다고 해도 좋다. 아마도 이 명령이 1408년(태종 8)에 편찬된 《속육전(續六典)》(지금은 흩어져 일부가 없음)에 수록되어 처음으로 정식규정이 된 것이 아닐까 생각한다.

그러나 이런 규정이 만들어졌다고 해서 군주에 대한 민의 직소가 갑자기 활발해진 것은 아니었다. 실제로 초기에 그것을 이용한 것은 의금부와 가까운 서울의 도성 안에 살고 있는 양반층이었으며, 소(訴)의 내용 또한 그들이 소유하고 있던 '사노비(私奴婢)'라 불리는 동거인을 정식으로 천민신분으로 인정하느냐는 것(노비의 辨定) 정도였다.[2] 일반 민이 수령과 관찰사, 사헌부의 '판결'에 불복하여 신문고를 두드리는 것보다는 사노비가 상민으로 신분상승(양민화)하는 것을 사전에 막고자 양반층이 그것을 이용했다는 편이 실태에 가깝다고 할 수 있다.

그렇다면 신문고를 울릴 필요가 없을 정도로 지방 수령과 관찰사가 민을 잘 다스렸을까. 그들은 군주를 대신하여 민본사상을 직접 실현하는 존재였을까. 그렇지는 않다. 오히려 실태는 정반대였다.

일반적으로 수령과 관찰사는 조선왕조가 고려를 무너뜨리면서 지방세력인 향리(鄕吏)를 대신하여 지방을 통일적으로 다스리기 위해 만든 새로운 관직(post)이었다. 조선은 전국을 경기·충청·경상·전라·강원·황해·평안·영안(永安 ; 함경) 등 8도의 지방행정으로 나누고(지도 참조), 각 도에 도지사에 해당하는 관찰사를 1명씩 두는 한편, 그 아래의 행정구역인 읍(邑)에 부윤(府尹)·대도호부사(大都護府使)·목사(牧使)·도호부사(都護府使)·군수(郡守)·현령(縣令)·현감(縣監)이라는 하급관리를 두었다. 수령은 그들을 총칭하는 말이다. 임기는 수령이 5년(뒤에는 3년으로 단축), 관찰사가 1년(뒤에는 2년으로 연장)으로 되어 있다.[3]

특히 수령은 군-신-민의 지배기구 말단에 위치한 민에게는 직접적인 지배자였다. 그들은 사법권 외에도 행정권과 군사권

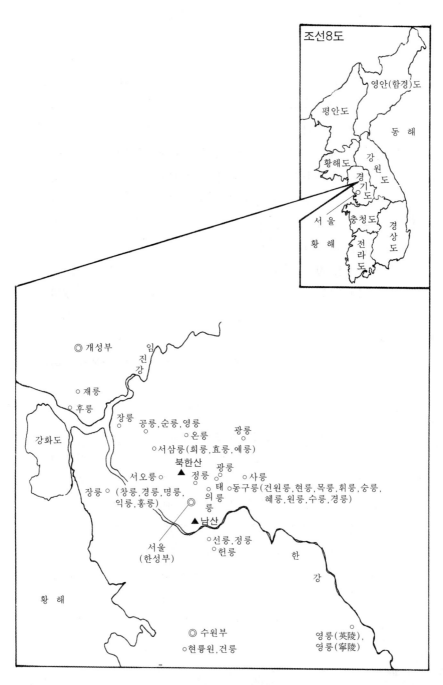

조선8도와 경기도 안의 왕릉 소재지

까지 장악하여 강력한 권한을 가지고 민 위에 군림하였다. 그러나 수령에 임명된 하급관리는 임기가 짧고 중앙에서 승진 기회도 보장받지 못했기 때문에 임기 동안에 끊임없이 민을 수탈하여 개인의 배를 채우는 등 그 권한을 악용하는 경향이 심했다.[4]

법으로 따진다면, 이런 수령과 관찰사의 잘못된 '판결'은 상급기관을 통해 중앙으로 올라가 최종적으로 신문고를 울림으로써 국왕의 귀에까지 들어간 뒤, 그 호소에 근거하여 그들이 처벌을 받았을 것이다. 그러나 그들은 강력한 권한을 방패로 자주 민의 상소를 방해하였고, 때로는 사법권을 남용해서 과도한 형벌을 내려 무고한 민에게 곤장을 쳐서 죽게까지 하였다. 수령과 관찰사의 지방통치 실태가 민에게는 가혹한 것이었기에, 신문고가 설치되었다고 해서 반드시 해소되는 것은 아니었다.

물론 이런 상황에 대해 역대의 군주가 수수방관만 한 것은 아니었다. 태종을 이은 세종(世宗 : 1397~1450, 재위 1418~1450) 시대가 되어, 여러 가지 해결책이 모색되었다. 세종은 한문을 읽지 못하는 민을 위해 '훈민정음'을 고안해 낸 명군(名君)으로 알려져 있으며, 지금 1만원권 지폐에 그려져 있을 정도로 유명한 국왕이다. 그는 각 도의 관찰사에게 도내의 수령을 감독해서 민의 고통을 줄이도록 자주 유시(諭示)를 내리는 한편, 새로 임명받은 관찰사나 수령을 궁궐로 불러 국왕을 대신해서 그 지방의 민을 맡은 임무의 중요성을 말해주는 등 민본사상을 철저하게 실천하려 하였다.[5] 또한 지방에는 '어사(御使)'라 부르는 관리를 파견하여 수령의 부정과 부당한 수탈이 있는지를 듣고, 여기서 나온 정보를 가지고 어사가 민을 대신해서 사헌부에 고소하는

'풍문고소(風聞告訴)'를 실시하였다.[6]

그러나 세종의 이러한 대책은 군-신-민이라는 기존의 지배질서를 전제로 한 것이지, 민이 수령과 관찰사·사헌부를 거치지 않고 군주에게 직접 수령을 고소하는 것을 인정한 것은 아니었다. 오히려 1420년(세종 2)에 '부민고소금지법(府民告訴禁止法)'이라는 법령을 제정한 이후 어떤 수령에 대해서도 민이 수령을 고소하는 것을 금지시켰다. 따라서 수령과 관찰사는 세종의 유시를 내리거나 알현을 해도 민에 대한 횡포는 계속되었다. 또한 '풍문고소'도 어사가 지방에 파견된 경우에만 인정하는 일시적인 구제책에 머물러 문제가 있었다. 어느 것도 본질적인 해결책은 되지 못했던 것이다.

민본사상을 내걸고 수령의 부정을 더욱 단속하려 했던 왕은 세종의 3대 뒤인 세조(世祖 : 1417~1468, 재위 1455~1468)였다. 《세조실록》에는 수령의 횡포가 많이 보이는데, 이에 대해 세조가 여러 번 불쾌감을 나타냈음을 알 수 있다. 예를 들어, 1457년(세조 2) 음력 11월 정축(丁丑)에 당시 최고 정책결정기관인 의정부에 전지(傳旨 : 상벌에 관한 왕의 뜻을 받아 해당 관청에 전달하는 것)를 내렸는데, 그 내용은 다음과 같다.

민간에는 본래 별일이 없다. 그런데 여러 고을의 수령들이 공공(公共)을 빙자하여 사익(私益)을 채우고 있다. 이 때문에 민을 괴롭히는 일이 매우 많다. 이후 공세(貢稅)·상요(常徭)·군역(軍役)과 임시 명령을 이행하는 것 외에 감히 민을 괴롭히는 자가 있다면 내가 크게 벌하리라.

이어 같은 해 음력 11월 기축(己丑)의 《세조실록》에는 세조의 전지를 받은 기사가 있는데, 다음과 같이 세조가 직접 민에게 말한 내용도 있다.

국왕이 하늘을 대신하여[體天] 8도의 군민(軍民)에게 이르노니, 나는 너희들의 부모이다. 밤낮으로 너희들이 무사하기를 생각하며, 항상 너희들이 관리의 횡포를 받지 않을까 걱정하고 있다. …… 지금 영을 내려 공세·상요·군역과 임시 명령을 이행하는 것 외에 민을 괴롭히는 일은 모두 금지시켰다. 너희들 또한 이 뜻을 알아 오로지 병농(兵農)에만 힘쓰며, 부모를 봉양하고 처자를 보살피며 편한 마음으로 생업에 힘쓰도록 하라. …… 만일 수령이 괴롭히는 일이 있다면 즉시 와서 나에게 고하라.

결국 세조는 신하가 모인 의정부뿐만 아니라 전국에 있는 일반 민에게도 수령의 부당한 수탈을 금지한다는 방침을 분명하게 밝혔다. 그리고 이와 같은 굳은 결의 아래, 그는 그때까지 신문고 규정에 있었던 3단계 상소 절차를 없애고, 민이 수령과 관찰사와 사헌부를 거치지 않고 직접 군주에게 수령의 부정부패를 직소하는 것을 허용하였다.

뒤에서 다룰 영조·정조 시기에 본격적으로 나타나는 '일군만민(군민일체)'* 사상의 싹이 여기서 보인다. 그러나 이 직소 허용

---

* '일군만민'은 앞에서 저자가 밝히고 있듯이 일본 정치사상사에서 사용하는 독특한 용어로서 한국 정치사상사에 그대로 적용하기에는 문제가 없지 않다. 특히 영·정조대에 나타나는 사상적 경향은 '군민일체(君

은 '군신공치(君臣共治)'라는 원칙에서 보면 분명 벗어난 것이었다. 그것은 군권(君權)의 우월과 상하질서의 혼란을 우려한 대신(좌의정)의 반대에 부딪혀 3년 후에 철회되었다.[7] 1461년(세조 6)에 교지[勅令]와 조례를 집대성한 《경국대전(經國大典)》형전(刑典)이 제정되었다.

《경국대전》은 '세세토록 좇아 써야[遵用] 할 법규'로서 이후 몇 차례 수정이 가해졌으나 20세기 초에 이르기까지 일관되게 기본법으로 지속되었다.[8] 이 법전에서는 '최종심'인 신문고의 역할을 다시 규정하였고, 더불어 상소의 내용도 개인에게 가해진 부당한 범죄혐의와 관련된 것[自己訴寃]만으로 제한하여 수령과 관찰사에 대한 고소를 직접적인 목적으로 삼는 내용은 특별한 사정이 없는 한 포함시키지 않는다고 밝히고 있다.

억울함을 호소하는 자는 서울에서는 해당 관청에 제소하고, 지방에서는 관찰사에게 제소할 것. 그래도 소원이 받아들여지지 않으면 사헌부에 제소하고, 거기서도 받아들여지지 않으면 신문고를 두드릴 것. 종묘(宗廟)와 사직(社稷)에 관한 것이거나 불법적인 살인을 제외하고, 이전(吏典)이나 노비가 직속 관원을 고소한다든지 품관(品官)·이전·민이 관찰사나 수령을 고소할 경우는 모두 고소를 듣지 않고 곤장 100대, 징역[徒] 3년형에 처한다. …… 자기소원을 할 경우에는 그 고소를 듣고 심리한다.

民一體)'로 표현하는 것이 타당한 것으로 생각된다. 따라서 이하의 한국사 부분에서 '일군만민'으로 표현된 것은 '일군만민(군민일체)'의 의미로 사용된 것으로 본다. 다만 편의상 '일군만민(군민일체)'으로 표기하지 않았음을 밝혀둔다. — 역자

신문고 규정을 통해 군주에게 상소하는 길은 남겨 놓았지만, 다시 군－신－민이라는 지배질서 유지에 주안점을 둔 것이 이 조문의 의도였음은 분명할 것이다.

그러나 이러한 규정도 세조가 일단 인정한 민이 수령을 고소하는 것을 멈추게 할 수는 없었다. 세조 말기에는 '자기소원'의 내용을 확대 해석하여 부당하게 민을 수탈하여 괴롭히는 수령을 고소하는 것이 가능하다는 관례가 확립되었으며, 그 관례는 다음 대에도 계속 이어졌다.[9] 그 결과 지방 수령의 정치적 권위는 상대적으로 떨어졌으며, 부민고소금지법과 《경국대전》의 규정을 어기는 형식이지만 민이 국왕에게 직소하는 일이 쉬워졌으리라 생각된다.

사실 이때부터 신문고를 대신하여 '상언(上言)'과 '격쟁(擊錚)'이라 불리는 좀더 직접적인 고소 수단이 나타나게 되었다.[10] 상언은 '아랫사람이 국왕에게 올리는 글'이라는 뜻인데, 구체적으로 말하면 국왕이 왕궁 밖으로 행차했을 때 한문으로 쓴 소장(訴狀)을 직접 전하는 '가전상언(駕前上言)'을 가리킨다. 또 격쟁은 '큰북과 징과 꽹과리를 두드린다'는 뜻으로, 왕궁 안으로 몰래 들어가 국왕이 직접 들을 수 있도록 이것을 울려 말로 상소하는 '궐내격쟁'을 가리킨다. 큰북과 징, 꽹과리가 사용된 것은 당시 깃발과 함께 농악의 도구로 농촌에 널리 보급되었기 때문이었다.[11]

상언과 격쟁은 어디까지나 비합법적인 상소수단이었지만, 세조의 4대 뒤인 중종(中宗 : 1488~1544, 재위 1506~1544) 시대에는 초기부터 자주 발생하여 그에 대한 대책이 마련되었다. 즉 일상

동인문

흥인문

동대문

금화문

문묘

명륜당

홍화문

창경궁

명정전

종묘

창덕궁

인정전

돈화문

괄자교

영희전

관왕묘

서빙고

(한강)

숭례문

종루

광통교

경복궁 근정전 광화문

의정부 이조 한성부 호조

예조 병조 형조 공조

혜정교

창의문

육상궁

창의궁

경희궁 회화문 숭정전 홍화문

인왕산

신문

소의문

돈의문

서울지도(18세기 영조시대)

생활에 관한 일[尋常微細]은 관례대로 수령과 관찰사에게 호소하고, 특별히 중대한 일[至冤極痛]에 한해 '가전상언'을 인정함으로써 합법화시키는 한편, 이 규정을 어겼을 경우에는 앞서 언급한 《경국대전》 형전의 '월소죄(越訴罪)'를 적용하여 처벌한다고 하였다.

그러나 '일상생활에 관한 일'과 '특별히 중대한 일'의 경계가 분명하지 않아 '특별히 중대한 일'을 자칭하는 상언과 격쟁이 끊이지 않았다. 이 때문에 명종(明宗 : 1534~1567, 재위 1545~1567) 시대가 되자, '특별히 중대한 일'의 내용을 부당한 형벌이 자신에게 가해진 경우[刑戮及身], 부자관계를 분명히 하려는 경우[父子分揀], 자식이 적자(嫡子)인지 서자(庶子)인지를 가리는 경우[嫡妾分揀], 자신이 소유한 노비가 양민인지 천민인지를 가리는 경우[良賤分揀] 등 '네 가지 경우'로 규정하였다. 이를 통해 민이 수령을 고소하는 것을 다시 금지시켜 상언과 격쟁이 계속해서 일어나는 것을 막으려 하였다.

그 후는 뒤에 서술할 사림파의 지배시기로 군－신－민의 지배질서가 더욱 굳건해졌다. 17세기 후반이 되면 다시 수령이 민에게 형벌을 남용하는 사례가 자주 나타난다. 이 때문에 숙종 때 당시의 '네 가지 경우'에 덧붙여 무고함을 호소할 수 없는 상태에서 수령의 가혹한 형벌로 죽은 당사자의 손자·자식·아내·형제가 조부모·부모·남편·형제를 대신해 무고함을 호소할 수 있게 하였는데, 이 또한 '네 가지 경우'에 포함된 것이다. 결국 당시까지 인정하던 자기소원뿐만 아니라 대리신고 ― 말할 것도 없이 그것은 유교에서 말하는 '효'와 '우애'의 실천을 뜻하였다 ― 도

인정하게 된 것으로 상언·격쟁에 대한 규제를 푼 것이다.[12]

이렇듯 조선왕조 초기(15세기 전반)부터 후기(18세기 전반)에 걸쳐 몇 차례의 우여곡절을 겪기는 하나, 지방관에게 부당한 형벌을 받은 민이 군주에게 직소하는 것을 허용하는 소원제도는 착실하게 발전하고 있었다. 다음 절에서 언급하겠지만 18세기 전반의 영조 시기에 군주가 자주 '행행(行幸)'과 '임어(臨御)'를 통해 민과 좀더 가까워질 수 있었던 배경에는 이러한 민본사상의 전통에 기초한 역사적인 '유산'이 있었다고 생각된다.

붕당 대립의 정치적 폐해

여기서 말하는 붕당정치(朋黨政治)가 무엇을 뜻하는가를 설명하기 위해서는 먼저 중앙정계에서 성립된 사림정치(士林政治)[13]의 내용에 대해 간단하게 살펴볼 필요가 있을 것이다.

중국의 주자학이 처음 조선에 들어온 것은 고려 말기인 13세기 말부터 14세기 초 무렵인데, 주자학을 개인의 수양을 위한 도학(성리학)으로 받아들인 것은 중앙의 관료가 아니라 지방에 거주하는 재야의 중소 지주층이었다. 그들은 고려왕조의 멸망이나 조선왕조의 건국에 관여하지 않았다. 그러나 조선왕조 초기에는 자치조직인 '유향소(留鄕所 ; 뒷날의 鄕廳)' 설치를 통해 지방에 만연하고 있던 민간신앙을 음사(淫祀)라고 공격하여 유교의 덕목을 보급하는 데 노력하는 등 독자적으로 향촌교화에 적극 나서고 있었다.[14] 뒷날 '사림파(士林派)'라고 불린 그들은 지방의 재야 지식인으로서 중앙에서 파견된 수령의 일원적인 지배에 대항하는 행동까지 보였다. 특히 남부의 경상도에서 그 움직임은 두드러졌다.

15세기 후반이 되자 그들은 과거를 통해 중앙관계로 진출하기 시작하는데, 당시는 조선왕조의 건국에 공이 있었던 신하와 그 후손들(이들을 훈구파라 한다)이 관직을 독점하고 있어 두 세력은 점차 격렬한 권력투쟁을 벌이게 되었다. 새로운 '신하'가 된 사림파는 주자학의 이념에 기초하여 신하는 물론 군주에 대해서도 개인 수양을 요구하는 '군신공치'를 지향하였다. 그 이념을 당시의 국왕이었던 성종(成宗 : 1457~1494, 재위 1469~1494)이 받아들였는데, 세종 이래 열리지 않았던 '경연(經筵)'을 적극적으로 개최한 것이 좋은 예이다.[15]

경연은 군주와 박식한 신하가 유교 경전을 교과서로 삼아 토론하는 독서회(讀書會)인데, 중국 송대(宋代)에 군주가 신하와 함께 정치에서 실현해야만 하는 천리(天理)·천도(天道)를 탐구한다는 취지에서 나온 것으로 중국에서는 그다지 정착되지 못했다. 이에 비해 조선에서는 성종이 그것을 재개한 이후, 신하가 경연 개최를 군주에게 요구할 경우 군주는 가능한 한 경연에 참가해야 한다는 관례가 확립될 정도로 제도로서 정착되어 간 것이다.

경연이 송나라 때 나온 배경으로는 당시 중국에 구양수(歐陽脩 : 1007~1072)의 《붕당론》으로 대표되는 새로운 군신관(君臣觀)이 생겨났음을 들 수 있겠다. 중국에서는 한대(漢代) 이후 신하들 사이에서 특정한 집단(이를 붕당이라 한다)을 만드는 것은 공도(公道)를 실현하려는 군주에게 해가 된다 하여 그 존재를 완전히 부정하였다. 그러나 구양수는 붕당 가운데서도 군자의 당인 '진붕(眞朋)'과 소인의 당인 '위붕(僞朋)'으로 구분하였다. 전자는 "도덕과 의리를 지키고, 충성과 신의를 행하며, 명예와 예절을 소중히 여겨 이로써 자신을 수양하면 곧 같은 도로 서로 돕고, 이로써 국사에 임하면 같은 마음으로 공제(共濟)하니 처음과 끝이 같은" 것에 비해, 후자는 "이익을 좋아하고 재화를 탐내며 바로 그 이익을 함께 할 수 있을 때 점점 서로 자기 당으로 끌어들여 친구로 삼는 자"로 결국 이익을 둘러싸고 서로 반목하여 분열한다고 하였다. 그래서 "군주된 자가 마땅히 소인의 위붕을 물리치고, 군자의 진붕을 쓴다면 곧 천하를 다스릴 수 있다"고 하여, '위붕'은 부정해야 하나 '진붕'의 존재는 군주에게도 유용하다는 견해를 취했다. 구양수의 견해는 주자(朱子 : 1130~1200)에게 계승되었는데, 주자학을 수용하고 있던 사림파는 스스로를 '진붕'이라 하여 자신들의 중앙 진출을 정당화하는 한편, 자신들도 참가하는 경연 개최를 군주에게 적극적으로 요구한 것이다.[16)]

이러한 사림파의 주장에 대해 훈구파(勳舊派)는 중국의 한대와 당대의 붕당관을 가지고 네 차례에 걸쳐 그들을 탄압하였다 (1498년의 무오사화, 1504년의 갑자사화, 1519년의 기묘사화, 1545년의 을사사화).

이에 대해 사림파는 훈구파를 사욕을 추구하는 '소인의 당'이라고 대응하였다. 중종 시기에 대표적인 사림파 관료 가운데 한 사람이자 기묘사화로 죽은 조광조(趙光祖 : 1482~1519)가 1518

년(중종 13) 국왕에게 올린 상소에서 사림들의 대응 모습을 잘 볼 수 있다.

즉 조광조는 훈구파와 사림파를 각각 '소인'과 '군자'로 대비하고 "소인은 군주의 마음을 흐리게 하려 하고, 군자는 곧 군주의 마음을 밝게 하려 한다"고 하였다. 그런 다음 중종에게 '군주의 마음'을 밝게 하기 위한 군주 개인의 수양과 그 성과를 '군자의 당'과 나누기 위한 경연 개최를 다음과 같이 요구하였다. "성상께서 밤낮으로 학문에 힘써 경연이 만세에 이르도록 강녕(康寧)하는 것, 이것이 신이 바라는 바입니다." 15세기 말부터 16세기 전반에 걸쳐 전개된 두 당파의 권력투쟁은 이처럼 신·구의 두 가지 붕당관이 대결하는 성격도 띠고 있었던 것이다.

그러나 훈구파가 사화를 일으켜 사림파를 탄압했지만, 이 시기를 통해 사림파는 많은 유능한 인재를 관료로 충원하였다. 그 가운데 한 사람으로 1천원권 지폐에 그려진 이황(李滉 : 退溪, 1501~1570)을 들 수 있다. 이황은 '동방의 소주자(小朱子)'로 불리는 조선의 대표적인 주자학자로서 을사사화에 연루되어 관직을 잃고 경상도로 낙향하여 학문에 전력하였다. 그의 탁월한 재능을 왕과 훈구파 관료조차 애석히 여겨 복직된 경력도 갖고 있다. 주자의 '이기론(理氣論)'을 발전시켜 '이(理)'의 우위를 말하면서도 그것을 운동하는 것으로 보는 학설은 뒷날 조선 학계는 물론 일본의 하야시 라잔(林羅山 : 1583~1657)과 야마자키 안사이(山崎闇齋 : 1618~1682) 등 에도(江戸) 초기의 유학자에게도 큰 영향을 끼쳤음은 잘 알려진 사실이다.

사림파는 이때 중앙정계뿐만 아니라 그들의 출신 지방에서도 세력을 더욱 굳히고 있었다. 이것은 같은 시기에 '향약 보급운동'이 '유향소(留鄕所) 설치운동'을 계승하는 형태로 지방에서 전개된 것과, 그들의 세력기반인 '서원(書院)'이 잇달아 전국 각지에 설립된 것을 통해서도 확인할 수 있다.

향약 보급운동은 중국에서 유래한 것으로 지방 민중의 교화와 상호부조를 목적으로 한 규약[鄕約]을 만들어 그것을 향촌사회의 윤리로 확립하기 위하여 벌인 운동을 말한다. 이 시기에는 앞서 언급한 조광조를 중심으로 《여씨향약(呂氏鄕約)》을 보급하는 운동이 전개되었다. 《여씨향약》은 송대의 여대균(呂大鈞 : 1031~1082)이 만든 것인데, 주자의 지시로 편찬된 《소학(小學)》이라는 책 속에 수록되었기 때문에 사림파는 향촌질서의 모범을 보여주는 것으로 주목하고 있었다.[17]

그들은 《소학》 외에도 원(元)의 왕지화(王至和 : ?~?)가 편찬한 《정속(正俗)》이라는 책과 향약 보급운동에 중심적 역할을 한 김안국(金安國 : 1478~1543)이 편찬한 《이륜행실도(二倫行實圖)》라는 책을 주교재로 삼아 삼강(三綱 : 父子·君臣·夫婦)보다는 이륜(二倫 : 長幼·朋友)을 중요한 윤리로 새로이 확립하려 하였으나, 결국 을묘사화로 좌절을 맞을 수밖에 없었다. 그러나 이 운동으로 주자학이 영남지방에서 기호지방(畿湖地方)으로까지 확대되어 갔고, 사림파는 이런 광범위한 지역에서 농민에 대해 강력한 지배력을 유지하고 자신의 사회적 기반을 강화할 수 있었던 것이다.[18]

한편 서원은 조선과 중국 유학의 선현(先賢)을 모신 사당(祠堂)과 도서관, 그리고 유학 교육기관을 겸한 사립 시설이었다.

사림파는 서원에서 엄격한 규칙을 정해 자제를 교육함으로써 사제(師弟)와 동문(同門)이라는 인간관계를 만들었기 때문에, 서원은 지방에서 사림파의 세력거점이 되었다. 최초의 서원은 주자학을 처음 조선에 들여온 안유(安裕, 安珦 : 1243~1306)를 기리기 위해 1543년 경상도 풍기(豊基 ; 지금의 경상북도 영풍)에 세워진 백운동서원(白雲洞書院)이었다. 선조시대가 되어서는, 1547년에 이황을 기려 경상도 예안(禮安 ; 지금의 경상북도 안동)에 도산서원(陶山書院)이 세워지는 등 전국으로 확대되어, 이때만 해도 서원의 수가 54개에 이르렀다.[19] 그 후에도 숙종시대까지 수많은 서원이 전국 각지에서 건립되었다.

이처럼 지방에서 일어나는 새로운 움직임을 배경으로 16세기 후반에 들어서면 훈구파가 중앙정계에서 세력을 잃어 훈구파에 대한 사림파의 우위가 분명해지게 되었다. 그러나 이 무렵부터 사림파 내부에는 대립하는 두 개의 당파가 형성된다. 이러한 현상은 선조에 의해 관료로 발탁되어 국왕의 자문역인 사간원(司諫院)의 수장[大司諫]이 된 이이(李珥 : 栗谷, 1536~1584)의 상소를 통해서 잘 알 수 있다. 5천원권 지폐에 그려진 이이는 '동방의 성인'이라 불리며, 이황과 더불어 조선의 대표적인 주자학자로 알려져 있다. 그러나 그의 학설은 주자의 '이기론' 해석 방식, 예를 들어 '이(理)'를 정태적인 것으로 보는 점에서 이황과 달라, 뒤에 서술하듯이 서로 대립하는 두 개의 학파를 만들어낸 원인이 되었다. 또한 그는 단순한 학자가 아니라 주자학적인 이념에 기초하여 당파의 분쟁을 화해시키는 데 뛰어난 정치가이기도 하였다.

즉 이이는 선조에게 "예로부터 국가가 의지하고, 국가를 유지하는 자는 사림입니다. 사림이란 국가 존립의 원기(元氣)입니다. 사림이 융성하여 화합하면 나라는 평안합니다. 사림이 심하게 분열되면 그 나라는 혼란스럽습니다. 사림이 쓰러지면 그 나라는 망합니다"(《辭大司諫兼陳洗滌東西疏》)라고 말해 사림파의 결속을 강조하는 한편, "오늘날의 사림이 화합한다고 할 수 있겠습니까. 신은 아직 알지 못합니다. 다만 동서의 학설이 지금 큰 문제라는 것만 들었습니다. 신이 걱정하는 바도 이것입니다"(위와 같음 ; 강조는 저자)라 하여 현실에서 진행되고 있는 사림파의 분열에 대해 걱정하였다.

이이가 말한 '동서의 학설'이 발생한 원인은 원래 훈구파였던 심의겸(沈義謙 : 1535~1587)을 어떻게 평가할 것인가 하는 문제를 둘러싼 차이에 있었다. 명종 때 관료가 된 사림[前輩]은 당시 그의 재량 때문에 사화를 면한 일이 있어서 그에게 호의적이었다. 그러나 선조 때 관료가 된 사림[後輩]은 이러한 경험이 없고, 집단의 순수성을 주장하는 입장에서 그의 전력을 문제삼았다. 이이가 경고했지만, 둘은 1575년(선조 8) 마침내 완전히 두 개로 분열하여 전자는 '서인(西人)' 후자는 '동인(東人)'으로 불렸다. 서인·동인이라는 명칭은 각 당파의 거주지역이 서울의 서와 동에 집중되어 있었던 데서 비롯되었다(뒤에 서술할 남인과 북인도 마찬가지이다).

동인에는 이황의 문인이 많아 학파적인 기반이 강한 데 비해 서인에는 이러한 기반이 없어서 동인의 기세에 눌리고 있었다. 그러나 '사림이 융성하여 화합하면 나라가 평안하다'는 이상을 내걸고 양자를 조정한다는 태도를 취했던 이이가 1581년(선조 14)에 그 이상을 버리고 서인쪽에 가담하자 그의 많은 문인들도 서인에 합류하였다. 따라서 서인이 정권을 잡는 것도 가능하게 되었다.

이렇게 해서 동인과 서인은 각각 이황의 학설을 신봉하는 '영남학파'와 이이의 학설을 신봉하는 '기호학파'라는 흐름을 만들어 서로 견제하는 세력으로 되었다.

그런데 학파의 분열은 이것으로 끝난 것이 아니었다. 1589년 (선조 22) 동인의 정여립(鄭汝立 : ?~1589) 등이 선조에게 불만을 품고 군권에 도전하는 사건(정여립사건)을 계기로, 동인은 다시 주자학의 전통을 고집하는 구세력인 '남인(南人)'과, 반드시 그에 구속받을 필요가 없다고 주장한 서경덕(徐敬德 : 1489~1546), 조식(曺植 : 1498~1571)의 뒤를 잇는 '북인(北人)'으로 분열한다. 이 때문에 북인은 주자학을 정통으로 배우지 않은 많은 일반 유생까지 받아들이게 되는데, 임진왜란(1592~1593)으로 '대북(大北)'과 '소북(小北)'으로 분열되었다. '화합'을 지향해야 할 사림정치가 '진붕'을 자처하는 여러 학파가 교대로 군주와 더불어 정권을 잡는 붕당정치라는 형태로 변해 간다.

17세기에 들어와 광해군(光海君) 정권 아래서 훈구세력이 복권되어 붕당정치가 일단 쇠퇴한다. 그러나 1623년 광해군을 몰아낸 인조반정(仁祖反正)으로 인조와 서인이 정권을 잡은 뒤 현종 때까지 반세기 동안 주자학의 전통을 고집하는 서인과 남인의 평화공존 체제가 계속 유지되었다. 서인과 남인은 서로 학술적인 비판을 거듭하지만 어느 쪽이든 신하가 군주와 함께 공도

를 실현하는 것을 목표로 삼고 있었다. 따라서 이때의 붕당정치
는 '화합'의 상태에 가까워 일단은 안정을 누렸던 것으로 보였다.

이상으로 조선왕조에서 사림정치가 성립한 뒤 붕당정치로 변
화해 가는 과정에 대해 간단하게 살펴보았다. 그러나 붕당정치
가 어느 정도 안정되었다 해도 복수의 붕당이 존재하는 한, 이
이가 말했듯이, '사림이 심하게 분열되면 그 나라는 혼란'에 빠
질 가능성이 항상 따라다님을 부정할 수 없다. 그리고 17세기
후반이 되면 그 가능성은 현실로 나타나게 된다.

그것은 1680년(숙종 6) 당시의 남인정권에 대해 정권 탈환을
목적으로 서인이 강경조치를 시도하면서 나타났다. 그 가운데서
도 기호학파의 중심이며 《주자언론동이고(朱子言論同異考)》를 써
이황의 '사단칠정이기호발설(四端七情理氣互發說)'을 배격한 서
인의 송시열(宋時烈 : 1607~1689)은 자신들의 주자학을 비판하거
나 수정하는 것을 조금도 인정하지 않았고, 반대하는 영남학파의
남인에 대해 반역자·역적이라는 이름을 붙여 처형하였다. '경신
환국(庚申換局)'이라 불리는 이 사건은 붕당정치의 커다란 전환
점을 가져왔다. 당시까지 다른 존재를 전제로 한 학술 차원의
상호비판이 이제 자취를 감추고, 대신 다른 존재를 인정하지 않
는 무력을 동반한 제재와 보복이 잇따른 것이다.

서인은 경신환국으로 정권을 탈환했지만 남인에게 보복을 해
야하는가 마는가를 둘러싸고 강경파인 노론과 온건파인 소론으
로 분열되었다. 이 때문에 붕당의 세력구도는 노론·소론·남인,
그리고 대북과 소북이 다시 합친 북인으로 되었으며(그림 1 참
조), 이 가운데 앞의 세 세력이 숙종시대를 통해 격렬한 권력투

쟁을 벌였다. 1689년(숙종 15) 노론·소론에 대한 남인의 무력 탄압[己巳換局], 1694년(숙종 20) 남인의 실각과 소론의 부활[甲戌換局]이 그 대표적인 예이다.

다만 여기서 주의해야 할 것은, 기사환국이나 갑술환국과 함께 이를 계기로 형성된 남인과 소론 세력 그 자체가 아니라 국왕인 숙종이었다. 숙종은 먼저 선수를 쳐 서인에서 남인으로, 남인에서 소론으로 지지세력을 바꾸었는데, 거기에는 자신이

[그림 1] 붕당의 변천

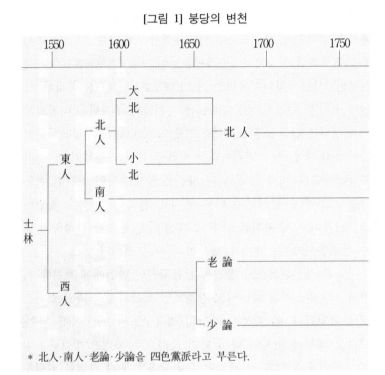

* 北人·南人·老論·少論을 四色黨派라고 부른다.

지지하는 붕당을 교대로 바꿈으로써 군권을 회복하고 붕당간의 상호융화를 꾀하려는 목적이 있었다.[20] 그러나 이것은 정국을 자주 변화시킨 결과만 가져와 성공하지 못하였다.

게다가 숙종이 시도한 수습책은 거꾸로 붕당쪽에서도 특정한 국왕을 선택적으로 지지하게 만드는 결과를 초래하였다. 경종과 영조 시대가 되면 이런 현상은 두드러진다. 즉 남인과 소론은 경종을 지지하는 반면, 노론은 경종의 동생인 연잉군 음(延礽君 昑)을 다음 국왕[王世弟]으로 한 뒤 그가 국왕을 대신해서 정권을 잡는 대리섭정을 지지하였으며, 경종 사후에 연잉군 음이 영조로 즉위한 뒤에도 계속 그를 지지하였다.

그 결과 영조가 즉위하자 노론과 소론의 당쟁은 더욱 심해졌다. 때문에 영조는 정권에서 소외된 소론을 1727년(영조 3)에 다시 등용하는 등 화해를 시도하였다. 그러나 전부터 영조의 즉위에 불만을 품고 있던 남인의 이인좌(李麟佐 : ?~1728), 소론의 박필현(朴弼顯 : 1680~1728) 등 급진세력은 이듬해에 영조를 대신해서 인조의 3세손인 밀풍군 탄(密豊君 坦 : ?~1729)이라는 전혀 다른 인물을 옹립하려는 거사를 일으켰다. 그들은 경종이 영조에게 독살되었다고 주장하여 영조 정권의 정통성을 공공연하게 부정하면서 경기도에서 병사를 일으켰다. '무신란(戊申亂)'이라고 불리는 이 반란은 많은 민중을 동원하면서 충청·전라도로까지 확산되었고, 반란의 규모도 이전의 역사에서는 찾아볼 수 없을 정도로 컸다.[21] 신권 우위의 시대가 이제 분명하게 되어 군권은 최대의 위기를 맞게 된 것이다.

2. 영조의 정치

　1728년(영조 4)에 일어난 무신란(戊申亂)은 영조의 정치운영에 결정적인 영향을 끼치게 되었다. 왜냐하면 이 반란은 왕궁 안의 붕당정치 폐해가 왕궁 밖으로도 파급되어 많은 민중을 끌어들였기 때문이다. 남부지역에 살고 있던 많은 사람들이 영조의 지배를 부당하다고 주장하는 남인과 소론의 일부 급진파의 주장에 한때나마 공감했다는 사실은, 반란을 진압하여 주동자를 처형한 뒤에도 영조에게는 뼈아픈 교훈으로 남아 있었다. 이제 왕궁 안은 물론 백성들한테서도 실추된 군권을 회복하여 군주의 지배 정통성을 확립할 필요가 절실하게 된 것이다.

　이를 위해 영조는 우선 왕궁 안에서 격렬하게 대립하고 있던 노론과 소론 양쪽에서 대신을 기용하고, 두 세력을 조정하려는 탕평책(蕩平策)을 시도하였다. '탕평(蕩平)'이란 《서경(書經)》 홍범에 나오는

　　편(偏)도 없고 당(黨)도 없으니 왕도가 탕탕(蕩蕩)하다. 당도 없

고 편도 없으니 왕도가 평평(平平)하다.

에서 유래한 용어이다. 여기서는 중국 고대의 성인인 요순(堯舜)
시대처럼 군주가 선정을 펼치고 신하가 어느 편에도 치우치지
않는 경지에 이르는 것을 이상으로 삼는 정치를 뜻한다. 영조는
이 정책을 실행하면서 스스로 유교 경전을 열심히 학습하는 한
편, 경종 때 중단되었던 경연도 적극적으로 몸소 개최하였다.
무신란을 통해 남인과 노론의 급진파가 실각하고 노론과 소론
의 온건파가 다수를 차지한 것도 한 배경이 되어, 이 정책은 차
츰 결실을 맺게 되었다.

그러나 반란의 재발을 방지하고 군권(君權)의 정통성을 확립
하기 위해서는 이것만으로 충분하지 않다는 것을 영조는 잘 알
고 있었다. 왕궁 안에서 신권(臣權)의 대립을 조정할 뿐만 아니
라 자신의 존재를 왕궁 밖에서 생활하는 민에게도 과시할 때 비
로소 그 목적은 달성된다. 그렇게 생각한 영조는 오랜 통치기간
을 통해 서울의 도성 밖으로 외출하는 '행행(幸行)'과 도성과 왕
궁에 있는 많은 문에 들르는 '임어(臨御)'를 적극 실천하였다. 그
런데 '행행'은 귀에 익숙한 말은 아니다. 보통 황제나 왕의 외출
을 뜻하는 '행행(行幸)' '순행(巡行)'이라는 말은 조선이 일본의
'보호국'으로 되어 일본풍의 말이 많이 사용되는 20세기 초까지
는 쓰지 않았다. 대신 '행행(幸行)' '동가(動駕)' '행차(行次)' 등의
용어를 사용했는데, 여기서는 이 말을 쓰기로 한다(독자의 편의
를 위해 특별한 경우가 아닌 한 '행차'로 용어를 통일하였다 — 역자).

처음에 영조가 중요하게 여긴 것은 도성 밖 행차였다. 행차는 조선왕조의 역대 국왕을 모신 왕릉으로 참배하는 형식을 띠었다. [표 1]은 1725년(영조 원년)부터 1750년(영조26)까지의 행차를 모은 것이다. 자료에 따르면, 영조는 1725년의 의릉(懿陵) 참배에서 1745년의 장릉(長陵)·공릉(恭陵)·순릉(順陵) 참배에 이르기까지 20여 년에 걸쳐 경기도 안에 산재하는 모든 역대 국왕과 왕비의 능묘를 참배했음을 알 수 있다(지도는 45쪽 참조). 이처럼 왕릉 참배를 목적으로 자주 도성 밖으로 행차한 것은 이전의 국왕한테서는 볼 수 없던 일이었다.[22]

그런데 행차의 목적은 그것만이 아니었다. [표 1]에서도 알 수 있는 바와 같이, 영조는 행차에 앞서 자주 경기도의 관찰사와 도내의 부윤·목사급의 수령 또는 그 사자(使者)인 '차사(差使)'를 불러 그 지역의 민정에 대해 자세히 물었다. 직접 지방에 가서 관찰사나 수령들과 접촉함으로써 그들의 행정에 부정이 없는지를 점검하고, 동시에 민의 불만과 고충을 정확하게 파악하려고 한 것이다. 왕궁 밖의 사람들이 살아가는 세계가 이제 정치무대로서 중요시된 것이다.

결국 영조의 잦은 왕릉 참배는 지방시찰이라는 목적도 함께 가지고 있었다. 그는 지방관을 통해 간접적으로 정보를 수집했을 뿐만 아니라, 무신란 뒤에는 자신의 눈으로 직접 민의 생활상을 관찰하고자 행차길의 통행규제를 없앴다. 이 때문에 길가에서는 "경기도민이 구경하려고 길가에 몰려들어 서로 밀고 당기는"(《영조실록》 영조 4년 9월 戊申) 소란스러운 상황이 발생하게 되었다.

[표 1] 영조의 도성 밖 행차와 지방관 접견(1750년까지)

연 도	월 일	행차 장소	만난 지방관
1725	8월 壬辰	懿陵	경기관찰사, 광주부윤, 양주목사
1727	2월 己未	懿陵	경기관찰사, 차사, 수령
1728	9월 戊申	貞陵·宣陵	경기관찰사, 차사, 수령
1729	2월 戊子~己丑 8월 戊午	順陵·孝章墓 敬陵	경기관찰사
1730	2월 甲子~戊辰	寧陵·英陵·廣州行宮· 利川行宮·南漢行宮	
1731	8월 丙午~丁未 9월 丙戌~丁亥	長陵·高陽行宮·坡州 行宮 長陵·坡州行宮	 차사
1732	8월 庚午	明陵·敬陵·翼陵	경기관찰사, 차사, 수령
1733	9월 戊子	獻陵	
1734	2월 己未 9월 丁亥~戊子	懿陵 章陵·金浦郡 館舍	 차사, 수령
1735	8월 丁丑	明陵·翼陵·敬陵	
1736	2월 丙子 8월 庚寅	光陵 思陵	경기관찰사, 양주목사 경기관찰사, 광주부윤, 여주목사
1737	8월 乙亥	健元陵·穆陵·懿陵	광주부윤, 양주목사
1738	8월 己亥	康陵·泰陵	
1739	8월 癸巳	溫陵	차사
1740	3월 壬子 8월 丁卯 ~9월 庚午	明陵 齋陵·厚陵·坡州行宮· 松都行宮·豊德行宮	 강화유수, 풍덕부사
1741	8월 庚申	孝陵	경기관찰사, 도내 수령
1742	8월 壬寅	宣陵	
1743	8월 庚午	貞陵	
1744	8월 辛亥	明陵	
1745	8월 戊午~己未	長陵·恭陵·順陵	경기관찰사, 광주·양주·파주· 고양·교하 각읍 수령
1746	8월 癸酉	宣陵·貞陵	
1747	8월 丁丑	穆陵·建元陵·懿陵	
1748	8월 壬辰	明陵	
1749	2월 戊子	長陵	
1750	8월 庚寅 9월 辛亥~丁卯	懿陵 溫陽行宮	 충청관찰사, 부사과

* 《영조실록》에서 정리. 각 왕릉에 묻힌 왕과 소재지에 대해서는 [표 4-2] 참조.
* 행궁 : 국왕이 임시로 머무는 궁, 관사 : 외국사신이 머무는 곳, 남한 : 남한산, 송도 : 개성.
* 1725=영조 1년

과격하다고도 할 수 있는 영조의 이러한 조치는 처음에는 국왕의 권위를 손상시키는 심각한 문제로 신하들에게 받아들여졌다. 같은 달에, 국왕의 문서를 기초하는 일 등을 담당하는 홍문관(弘文館)에서 부제학(副提學)으로 있던 송성명(宋成明 : 1674~?)은 영조에게 통행 규제를 다시 강화할 것을 다음과 같이 상소하였다.

전하께서 도로에 민들이 모여 구경하는 것을 막지 말라는 전교를 내리셨습니다. 이 때문에 많은 사람들이 혼잡하게 몰려들고, 심지어 전하가 탄 가마에 단 황금 요령 가까이까지 접근하니 조금도 존엄의 뜻이 없습니다. 가마를 둘러싼 뒤 상소하는 자가 자주 있는 것은 마치 외국 사신이 아침 일찍이 외출할 때 상소하는 것과 같습니다.(《영조실록》 영조 4년 9월 壬子)

그러나 송성명의 상소에도 영조는 방침을 바꾸려 하지 않았다. 오히려 때로는 관찰사와 수령을 대신해서 직접 민정을 조사하거나 지방 민들의 말에 적극 귀를 기울였다. [표 2]는 그런 상황을 모아 놓은 것인데, 영조가 백성들의 요구에 부응하여 필요에 따라 곡물을 내리거나 감세조치(減稅措置)를 내린 모습을 엿볼 수 있다. 이와 같은 적절한 조치는 앞 절에서 설명한 민본사상의 전통에 따른 것이지만, 그것은 실추된 군권의 정통성을 확립하는 데도 유용한 것으로 여겨진다.

또한 이 상소에서도 알 수 있듯이 국왕이 왕궁 밖으로 나간 횟수가 늘어났다는 것은 그만큼 국왕에 대한 직소, 즉 상언과

[표 2] 영조와 민의 접촉 1(陵廟·行宮으로 행차할 때의 임시접촉)

연 도	월 일	왕릉·행궁 이름	접촉장소	접촉한 백성	민에 대한 조치
1725 (영조 1)	8월 임진	懿陵	경기도 양주목	양주 年老民人	
1734	9월 무자	章陵	경기도 김포군	김포군의 耆老	食物 供與
1736	2월 정축	光陵	경기도 양주목 兎院晝停場	道端의 父老	
1740	9월 경오	齊陵·厚陵· 豊德行宮	경기도 개성부 南門樓	開城府 父老	大小米·木棉 減稅
1750	8월 경인	懿陵	경기도 양주목 石串峙	태종의 7세손임 을 자칭하는 어 린 아이	식물 공여, 부모 유골매장 원조
	9월 기미	온양행궁·溫宮	충청도 온양군		그해 토지세 감면
1752	12월 신축	毓祥宮·孝章廟	서울 광화문 앞	父老	
1762	8월 을사	明陵·翼陵	경기도 고양군	고양군 민인	
1763	1월 기미	太廟·永寧殿	서울 鐘街	시민	

* 《영조실록》에서 정리. 각 왕릉에 묻힌 왕과 소재지에 관하여는 [표 4-2]를 참조.
* 年老·耆老·父老는 노인을 의미함.

격쟁이 쉬워졌다는 것을 의미한다. 이런 상황으로 보면, 격쟁은 왕궁 안으로 몰래 들어가 징과 꽹과리를 울리는 특별한 행위가 아니라, 본궁인 창덕궁의 차비문(差備門) 밖에서 징과 꽹과리를 울려 국왕에게 호소를 알리는 좀더 통상적인 행위를 뜻하게 된다. 앞에서 서술했듯이 이미 숙종 때 대리신고를 인정함으로써 그것들과 관련된 규제는 완화되었다. 그런데 영조가 1744년(영조 20)에 《경국대전》이나 그 뒤에 나온 속록(續錄)과 수교(受敎) 등을 집대성한 《속대전》을 제정하여 "신문고는 이제 없다. 소원(訴寃)하는 자는 차비문 밖에서 징을 두드리는 것을 허락한다. 이를 격쟁이라 한다"는 규정을 두어 신문고를 대신한 고소수단으로써 격쟁을 정식으로 인정한 것이다.

이 새로운 법전에는 "읍민이 수령에게 곤장을 맞아 죽어 (대리인이) 격쟁할 경우는 먼저 조사를 해서 만일 죄가 수령에게 있으면 수령을 처벌하고, 만일 무고일 경우는 부민고소법으로 심리한다"는 규정도 보인다. 즉 영조는 정당한 격쟁이라면 그에 기초하여 부정한 수령을 처벌한다는 방침을 법으로 만든 것이다.

그러나 1750년(영조 26) 충청도 온양에 기민(飢民) 시찰을 겸해서 대규모 행차[23]를 한 것을 끝으로 이후 이러한 도성 밖 행차는 사라졌다. 영조가 즉위할 때는 31세였고, 이때는 이미 57세가 되었기 때문에 당연히 나이 문제도 있었을 것이다. 그러나 여기서는 오히려 그 전년 8월에 영조가 창경궁 정문에 있는 홍화문(弘化門) 앞에 모인 사람들을 만났을 때 그들에게 한 말을 주목하고 싶다. 다음의 인용은 왕명과 관료가 왕에게 올린 상언(上言)의 출납을 맡은 승정원(承政院)에서 기록한 《승정원일기(承

政院日記)》영조 25년 8월 15일자 기사이다.

    아! 하늘이 내게 주신 것은 민이다. 하늘이 내게 맡기신 것은 민
이다. 그런데 평상시 내가 사는 궁전과 민이 사는 마을은 마치 하늘
과 땅과 같다. 오늘 나는 군주와 민이 마치 부모와 자식과 같다는
것을 알았다. 아! 성인이 어찌 나를 기만하겠는가. (周의 文王이) 우
선 민의 마음에 호소했음을 알아야 한다. 이것이 중요하다. 진실된
마음이 있은 후에야 비로소 참된 정치를 할 수 있을 것이다. 문왕
때는 스승과 부친의 뜻을 존중하여 바로 정치에 응용하니 사람들이
모여들었다. 군주는 민을 의심하지 않고, 민도 군주를 속이지 않았
다. 무엇이 위대한 것일까. …… 군주는 민의 부모인데, 나는 오늘
에야 비로소 그 민을 보았다. 이 어찌 부모된 자의 도리란 말인가.
만일 나에게 아쉬움이 있다면, 그것은 성인의 가르침에 이르지 못
한 것이다. 아! 천명으로 내가 군주가 된 것은 군주를 위해서가 아
니라 민을 위해서였다.

    즉 영조는 여기서 그때까지의 행차에서 민과 접촉한 것은 어
디까지나 왕릉 참배에 따른 임시적인 것에 지나지 않았음을 솔
직히 반성하고, 다음부터는 주 문왕의 시정(施政)을 본받아 좀
더 상시적으로 민과 계속 접촉하겠다는 것을 그들에게 선언한
것이다. 이를 위해 이 무렵 홍화문에서 시도했던 것과 같은 새
로운 접촉방식, 즉 사람들을 미리 도성 안의 문 앞에 불러 놓고
거기에 국왕이 나가 그들의 불만과 고충을 직접 묻는 방법을 택
하였다. 여기서 주목해야 할 것은 "오늘날 군과 민의 관계는 곧

부모된 자가 자식을 아는 것"이라는 영조 자신의 말에서도 보이듯이 '신하'의 존재가 설정되어 있지 않다는 것이다. 당시까지 붕당정치를 지탱해 왔던 군－신－민의 지배구성을 전제로 한 '군신공치'의 이념은 이미 사라지고, 그 대신 군주 외의 모든 사람들을 민으로 보는 '일군만민'의 이념이 나타나게 된 것이다.

　[표 3]은 영조의 이러한 대민 접촉방식에 대한 구체적인 행적을 모아 놓은 것이다. 자료에 따르면 영조는 1749년(영조 25) 이후 도성 밖 행차를 대신하려는 듯 거의 매년 본궁인 창덕궁을 비롯해서 별궁인 창경궁·경희궁, 그리고 영조가 즉위하기 전 왕세자로 있을 때 잠저(潛邸 ; 즉위하기 전의 거주지)로 만든 창의궁의 각 문과 숭례문(崇禮門 ; 남대문)과 같은 도성문에도 갔다. 거기서 양반인 재야의 유생뿐만 아니라 서울에 거주하는 양민과 지방에 거주하는 '향민', 그리고 농민과 상인 등을 포함한 상민들과도 대화를 나누었다. 그 해의 농작물 작황과 부채, 과중한 세금 같은 생활상의 고충[弊瘼] 등을 묻고, 때로는 그들에게 쌀과 의복 등 필수품을 나누어 주거나 식사를 제공하기도 하였다. 그들은 생활과 관련된 구체적인 불안과 불만을 직접 영조에게 호소했는데, 영조는 대부분 타당한 호소로 받아들여 해당 관청[六曹]에 지시를 내리는 등 적절한 조치를 취하였다.

　그렇지만 영조의 '일군만민' 이념이 단지 왕궁의 문 앞에 모인 민에게만 행해졌던 것은 아니었다. 그것은 왕궁 안에서 신하와 협의를 필요로 하는 전국 규모의 정책을 결정할 때에도 중요한 역할을 하였다. 이것은 1750년(영조 26)부터 이듬해까지 실행되었던 균역법(均役法)이라는 새로운 세제(稅制)를 결정하는 과

[표 3] 영조와 민의 접촉 2(서울 도성 안에서 의도적인 접촉)

연 도	월 일	접촉장소	접촉한 민	접촉내용
1738 (영조 14)	9월 성술	崇政門	5부의 父老	민폐를 물음. 京騎兵 사역 철폐
1749	8월 신묘	弘化門		四民에 施恤
1750	5월 경신 7월 계묘	홍화문 홍화문	士庶人 儒生·坊民	良役을 물음 양역 便否를 물음
1751	6월 임자	明政門	鄕儒·향리·향군	結錢의 편부 물음
1752	1월 기축 12월 을사	廣通橋 宣化門	坊民·주변 거민 貢市人	濬川의 편부 물음 弊瘼을 물음
1754	11월 신축		공시인	위와 같음
1757	1월 정유 6월 임술 11월 정미	宣政門 홍화문	貢人·市人 제주민 40인 都民父老	위와 같음. 久逋 減 백성이 山陵공사에 자원하여 나오도록 慰諭. 柳世僑 등이 가지고 있던 액 체가 술인가 식초인가 감정
1758	3월 병신 5월 신해 7월 정유 8월 기미 9월 기해	 涵仁亭 崇文堂 위와 같음 홍화문	시민 농민 농민 東西郊의 民人 五部耆老民人	폐막을 물음 農形을 물음 위와 같음 水災를 물음 親製禁酒綸音 공표
1759	4월 을축 7월 신해	明政殿 月臺 敦化門	농민 농민	農形을 물음 위와 같음
1760	10월 계사	興化門	流民	죽을 나누어 주다.
1761	3월 계축 5월 경신 7월 계축 정사 9월 경신 11월 무신	 建明門 숭례문 건명문 崇賢門 숭현문	공시인 饑民 民人 경기민 纏民 臨陂民人	폐막을 물음 기근의 상황을 듣고 食料를 조달해 줌. 농형을 물음 雨量의 다소를 듣다. 紋緞 금지를 공포 민이 新舊布 徵納과 良布의 고통 호소
1762	1월 계묘 5월 기미 6월 병오	 숭현문 숭현문	父老 양주·고양 민인 시민	폐막을 물음 농작물 작황을 물음
1763	6월 병오	홍화문	五部民	폐막을 물음, 금주령 엄명
1766	6월 기미	倉橋	경기민	農形을 물음

연 도	월 일	접촉장소	접촉한 민	접촉내용
1768 (영조 44)	5월 무신 6월 정사	 建明門	貢市堂上,貢市民 京外의 농민	폐막을 물음 농형을 물음
1769	1월 신묘 2월 경진 3월 정유 8월 무진 9월 계묘	홍화문 숭정전 건명문 연화문	四民·貢市人 耆民 1,200인 시민 鄕民 향민·공시인	폐막을 물음 식사 제공 債弊를 물음 農形을 親問 폐막을 묻고, 공시인의 채무를 각 군문에 명하여 청산하게 함
1770	1월 경인 8월 갑술	 德游堂	시민 60세 이상 서민	폐막을 물음 식사 대접, 쌀을 줌. 74세 이상 에게는 爵 1급 수여
1771	1월 계묘 2월 임신 4월 신미 정해 11월 경술	鐘街 건명문 건명문 	시민 貢市 堂上·시민 노인 향민 공시인	질고를 물음 왕족 부채에 관해 물음 米帛을 줌 黃口充丁과 백골징포의 폐막을 물음. 재고의복에 대한 加稅를 특별 면제하도록 명령
1772	5월 을묘 임술 6월 을축	 홍화문 건명문	향민 사서인 士民	民事외 市直을 물음 의견을 물음 위와 같음
1773	1월 경자 2월 경오 윤3 임술 4월 정유 임인 경술 5월 갑자 6월 신축	홍화문 건명문 연화문 건명문 연화문 연화문 건명문	 공시인 공시인 五部의 耆民·향민 五部 坊民 향군농민 軍民 士庶	민폐를 물음 폐막을 물음 위와 같음 농형을 물음 위와 같음 麥事를 물음 폐막을 물음, 10개조의 敎를 내려 직언 구함 소감을 말하게 함
1774	1월 경신 4월 신해 5월 경신 갑술 병자 7월 정축	건명문 연화문 건명문 연화문 홍화문 	五部 民人 貢市人·향민 유생·坊民 향민 100세 된 민	소감을 말하게 함 폐막과 농형을 물음 농형을 물음 감옥의 중죄인 석방
1775	1월 임술	연화문 밖	향인 입경자	市直과 황구충정의 폐를 물음

연 도	월 일	접촉장소	접촉한 민	접촉내용
1775 (영조 51)	2월 기축	연화문	방민	폐막을 물음
	3월 신유	연화문	향인 입경자	맥농과 시직을 물음
	4월 임진	연화문	사서·노인	민막·시폐를 물음
	5월 계해	연화문	각읍 漕船 監色	농형을 물음
	6월 신축	연화문	70세 이상 사서	湯劑進御의 當否 물음. 80세 이상 민에게 紬綿米太를 줌
	7월 경오	金商門 밖	五部民	민폐를 물음
	8월 기묘		順化坊 노인	술을 내림
	계미	연화문	유생	제세안민책을 물음
	신축	연화문	오부 방민	
	9월 을유	연화문	고양·광주 민인	농형을 물음
	윤10 무신	연화문	민인·향민	宣諭
	12월 임신	집경당	83세의 사서	식사 제공
1776	1월 신사	연화문	都民	貢市人의 便否 물음

정에서도 잘 나타난다.

당시 조선왕조에서는 양반과 노비를 제외한 모든 남자는 성년이 되면 군영과 관청의 군졸 또는 직역(職役) 부담자로서 군역이나 직역에 복무하든가 군졸과 직역 부담자를 보조하는 '보정(保丁)'이라는 일을 맡게 되었으며, 군졸·보정은 모두 군적에 등록되었다. 그러나 원칙과는 달리 실제로 그들은 복무하지 않았다. 군졸과 직역 부담자는 '군포(軍布)', 보정은 '보포(保布)'라 불리는 현물세를 내는 것으로 역을 대신하는 경우가 대부분이었다. 군포와 보포를 합쳐서 '양역(良役)'이라 부르는데, 그것은 보통 1인당 1년에 면포 2필로 민에게는 과중한 부담이었다. 따라서 숙종시대 이래로 중앙에서도 자주 문제가 되었다.

영조는 강한 결의를 가지고 이 양역 개혁에 임했다. 1750년 음력 5월 홍화문에 민을 모아 놓고 양역에 대해서 다음과 같이 말한 데서도 잘 알 수 있다. 영조 26년 5월 19일의 《승정원일기》에 있는 영조의 말이다.

지금의 민폐는 양역보다 더한 것이 없으니, 지금에 이르러 고치지 않으면 장차 중세(重稅)의 실태를 알지 못한 채 어디로 갈지 모를 것이다. 나라는 백성에 의지한다. 백성은 마치 물과 같다. 임금은 마치 배와 같다. 백성이 없이 나라가 있고, 물이 없이 배가 간다는 말을 나는 듣지 못했다.

아! 우리 성고(聖考)께서는 이 폐단을 깊이 헤아려 여러 차례 정책을 펼치셨다. …… 내 나이 60이며 즉위한 지 또한 24년이 지났건만 아직도 머뭇거리고 있다. 이는 하늘을 저버리고 백성을 저버리는 행위이다. 생각이 이에 이르니 그저 두려울 따름이다. 먼저 조정의 신하들에게 캐물어 백성을 구하려 했으나, 신하들은 해결의 실마리를 찾지 못하니 나는 입을 다물기로 마음먹었다. …… 무더위에 몸을 돌보는 가운데서도 병을 무릅쓰고 문에 나아가 백성에게 의견을 물어보게 된 것이다.

더 이상 양역의 개혁을 미룰 수 없다는 영조의 의지가 잘 드러나는 말이다. 여기서 그는 군주와 민의 연결을 재차 강조하면서 반드시 해야 하는 양역 개혁을 종래와 같이 신하와 협의해서 결정하는 것이 아니라, 민의 의견을 들은 다음 결정할 것을 일반민에게 약속한 것이었다. 개혁에 즈음해서는 양역을 대신하는 재원으로 지조(地租) 도입을 적극적으로 주장하는 영조와 이를 반대하면서 가옥세 도입을 주장하는 신하 사이에 격렬한 논쟁이 벌어진 끝에 일단은 신하들이 승리한 것처럼 보였다.[24] 그러나 영조는 홍화문에서의 만남을 통해 민을 자기편으로 만들어 끝내 양역을 1인당 면포 2필에서 1필로 줄임으로써, 그들의 고통을 완화시키는 대신 '결포(結布, 또는 結錢)'라 부르는 지조를 도입하는 데 성공하였다. 광대한 토지를 소유한 양반관료 세력에게 그것은 커다란 타격이었다. 균역법의 실시는 바로 신권에 대한 군권 우위를 상징적으로 보여주는 사건이며, 과거 세종이 새로운 세제였던 공법(貢法)을 도입하려 했으나 당시 좌의정의 반대로 유보할 수밖에 없었던 것[25]과는 매우 대조적이었다.

사정이 이렇게 되자 경연의 성격에도 변화의 조짐이 보이기 시작했다. 경연은 1749년(영조 25)부터 7년 동안 중단되었다가

1756년에 재개되었다. 그런데 군주와 신하가 공동으로 유교 경전을 읽던 종래의 방식은 자취를 감추고, 대신 압도적으로 풍부한 지식을 가진 군주인 영조가 전적으로 신하에게 경전의 내용을 강의하면서 그 내용을 정확하게 파악하고 있는지를 시험하는 방식이 주류를 이루게 되었다.

경연이 재개되면서 주교재에도 커다란 변화가 있었다. 구체적으로 말하면 당시까지 자주 사용되었던 《춘추(春秋)》와 《주례(周禮)》 대신에 '사서'의 하나로 주자학에서 중시하던 《대학(大學)》과 《중용(中庸)》이 중심이 되었다.[26] 영조는 1758년(영조 34) 10월 국립 유학 교육기관인 성균관(成均館)을 방문해서 유학을 공부하는 학생들을 대상으로 강의를 한 것이 계기가 되어 《대학》의 서문에 해당하는 〈어제서(御製序)〉를 썼는데, 이것은 분명히 주자의 《대학장구서(大學章句序)》를 의식한 것이었다. 이 가운데 영조는 《대학》의 서두에 있는

대인이 학문을 하는 길을 밝은 덕[明德]을 밝히는 데 있다. 민을 새롭게 하는 데 있다. 지선(至善 : 天理가 완전히 실현되어 人欲이 완전히 없어짐)에 이르는 데 있다.[27]

는 문구의 중요성을 주장하였다. 《대학》을 중시하는 그의 이러한 태도는 1760년(영조 36)부터 시작된 자신의 손자, 즉 뒤의 정조에 대한 강의에서도 반영되고 있다.

경연에 대한 영조의 열의는 만년에 이르러서도 계속되었다.

영조는 재위 52년 동안 경연을 모두 3,458회나 열었는데,[28] 이것은 물론 역대 국왕 가운데서 가장 많은 횟수였다. 거기에서 드러난 유교적 소양은 만년에 신하로부터 '요명순철(堯明舜哲)'의 칭호를 받았을 정도였다. 요순의 정치를 이상으로 삼은 영조의 탕평정치(蕩平政治)는 민뿐만 아니라 신하로부터도 지지를 받았다. [표 3]에서 보이듯이 영조가 왕궁의 각 문에 다녀간 횟수는 시간이 흐를수록 늘어났다. 특히 가장 나중에 해당하는 1775년(영조 51)부터 이듬해에 걸쳐서는 거의 매월 연화문과 금상문으로 나갔다. 그리고 1775년 12월에 그는 지위와 신분에 관계없이 자신과 같은 83세가 되는 모든 사람들을 경희궁 안의 집경당에 불러식사를 함께 하기도 하였다. 즉위 직후의 반란이 마치 언제 있었냐는 듯이 어느덧 이 군주는 민으로부터 열광적인 지지를 받게되었다. 콜롬비아 대학의 하브슈(J. K. Haboush, 한국사)는 그 모습을 다음과 같이 묘사하고 있다.

사람들은 영조가 죽기 직전까지 서울의 거리를 돌면서 불안과 고충이 없는가를 묻는 모습을 눈에 기억하고 있었다. 사람들이 영조의 육성을 접하고 그의 배려에 감동했던 것은 분명하다. 영조 만년에 사람들이 거리를 지나가는 그에게 갈채를 보내면서 "국왕이여, 장수하소서"라고 외쳤을 때, 그것은 사람들의 진심에서 우러나온반응으로 생각된다.

이러한 선정(善政)의 진가가 발휘된 것은 영조가 죽기 1개월 전인 1776년 2월(음력으로는 1월 — 저자)이었다. 왕궁의 문 앞에서영조는 상인들에게 평소의 노고에 대해 물었다. 그들은 자신들의 노고를 말할 수 없었다. 그들이 감히 어떠한 말도 할 수 없었던 것은 국왕이 두려워 굽실거리기만 하는 신하와는 다른 국왕에 대한 존경심 때문이었다. 국왕은 자신의 치세가 사람들에게 평온을 가져다 주길 간절히 원했는데, 이 상인들과의 대화가 국왕에게는 마지막 기회였던 것이다.[29]

붕당정치의 폐해로 인해 붕괴 직전이었던 조선왕조의 위기를 영조는 당대에 훌륭하게 극복하였다. 해가 갈수록 원숙해져 간 정치운영은 마치 '일군만민'의 이념을 한걸음 한걸음씩 착실하게 실천해 나가는 것 같았다. 그리고 이 이념은 다음 절에서 보이듯이 손자인 정조에게 계승되었다.

3. 정조시대

― 늘어난 행차와 '일군만민'의 확립

1724년부터 52년 동안의 통치로 쌓인 영조의 정치적 소양은 앞 절에서 서술했듯이 만년에는 자신이 주자(朱子)에 뒤지지 않는 학식의 소유자임을 신하에게 과시할 정도의 수준에 이르렀다. 그런 영조로부터 많은 기대를 받으면서 교육 받은 사람이 다음 국왕인 정조(正祖)이다. 정조는 1759년(영조 35)에 8세의 나이로 왕세손이 되어 2대 뒤의 왕위 계승자가 되었다. 1762년 다음 국왕으로 예정된 왕세자(1735~1762)가 평안도로 몰래 놀러 간 것이 발각되어 왕명으로 죽게 되자(이것을 '壬午處分'이라 한다) 왕세자 대신 영조의 뒤를 잇는 왕위 계승자가 되었다.

정조는 어릴 때부터 재능이 뛰어났는데, 이 재능을 알아본 조부 영조에게서 직접 《대학》을 교재로 철저한 영재교육을 받았다. 또 1765년(영조 41)부터는 영조의 도성 밖 행차와 왕궁 각 문에 들르는 임어에도 자주 따라가게 되어, 거기에 모여든 많은 사람들에게 말을 거는 조부의 모습을 지켜볼 수 있었다.

영조가 민과의 대화를 통해 정조에게 전하고자 한 것은 민본의 정신이었다고 생각된다. 이를 잘 보여주는 자료로 《영조실록》 영조 51년 7월 경오의 기사를 소개하겠다.

왕세손에 대한 강의가 끝나자, 임금은 "나라가 민에게 의지한다는 것은 무엇을 말하는 것인가"라고 물었다. 왕세손이 대답하였다. "민이 없다면 군주가 나라를 지킬 수 없기 때문입니다." 임금이 물었다. "군주의 은혜가 민의 뼛속까지 스며들게 하거나 군주의 사랑이 민의 가슴에 가득차게 하려면 어떻게 하면 좋은가." 왕세자가 대답하였다. "군주가 민을 정말 사랑하면 민은 자연히 그렇게 될 것입니다." 임금이 말했다. "군주가 높은 지위에 있으려면 어떻게 해야 하는가." 왕세자가 대답하였다. "민을 사랑하는 마음을 가슴에 새겨 잊지 않는다면 자연히 그렇게 될 것입니다."

여기서는 영조가 유교의 학식뿐만 아니라 그 정신까지 정조에게 전하려 했음을 엿볼 수 있다. 조부한테서 받은 가르침은 '계지술사(繼志述事 : 선인의 뜻을 받아들여 고사를 따르는 것)'와 '숭유중도(崇儒重道 : 유교를 존중하고 도학을 중요하게 여기는 것)'라는 말인데, 1776년(정조 즉위년 ; 조선에서는 새로운 국왕이 즉위한 해를 원년이라 하지 않고 즉위년이라 한다)에 즉위한 정조의 정치운영과 그 사상에 결정적인 영향을 끼치게 된다.

그런데 정조는 즉위해서 곧바로 친정(親政)을 시작하지 않았다. 그리고 유교의 수양이 충분하지 않다고 판단한 그는 즉위한 다음날 창덕궁 안에 국왕 전용의 유교 연구시설을 만들 것을 지시했다. '규장각(奎章閣)'이라 불리는 이 시설은 정조의 어진(御

眞 : 임금의 화상), 어제(御製 : 임금이 지은 시문), 어필(御筆) 등을 보관하였고, 동시에 연구소 역할을 겸한 '주합루(宙合樓)'를 중심으로 그 주변에는 서고(書庫)와 역대 국왕의 어진·어제 등이 보관된 '봉모당(奉謨堂)', 과거의 최종시험인 전시(殿試)를 치르는 '영화당(暎花堂)' 등이 배치되었다. 이렇게 해서 수양을 위한 환경이 정비된 것이다.[30] 정조는 왕세손 시절부터 자신을 도왔던 외척 홍국영(洪國榮 : 1748~1781)에게 정사의 실무를 맡긴 뒤, 규장각에 신하를 모아 놓고 경연을 자주 열어 《대학》을 교재로 학습하는 한편, 한 개인으로서 규장각에 틀어박혀 유교 경전을 읽으며 나날을 보냈다.

1780년(정조 4) 2월 정조를 대신해서 실권을 장악한 홍국영이 뒤에 서술하듯이 세도정치(勢道政治)를 계속하려고 음모를 꾸민 사건이 발각되었다. 이처럼 정조의 친정은 뜻밖의 사건을 계기로 시작되었다.

홍국영을 강원도로 유배시키고 실권을 장악한 정조는 먼저 종래의 규장각 기능을 대폭 확대하였다. 즉 규장각에 근무하는 신하들의 정치적 권한을 강화함과 동시에 과거에 합격한 37세 이하의 중앙관료[文科] 가운데 정조가 자질이 있다고 보는 문관을 다시 선발해서 자신의 신하로 공부시키는 '초계문신제도(抄啓文臣制度)'를 도입하고 규장각을 그들에게 개방하였다. 이 초계문신제도는 종래의 경연을 대신해서 군주가 탁월한 학식을 가지게 되면서 유능한 신하를 양성하기 위한 제도가 되었다. 거기에서 정조로부터 교육을 받은 관료는 그 후 19년 동안 100여 명에 이르렀는데 그들은 정조에게 큰 영향을 받으면서 그의 군권을 지원하는 친위세력으로 형성되어 갔다.[31] 뒤에 언급하게 될 정약용(丁若鏞 : 茶山, 1762~1836)도 그 가운데 한 사람이다.

정조의 이러한 조치는 영조 때부터 확보된 신권에 대한 군권의 우위를 더욱 강화시킨다는 의미를 가진다. 그러나 그것만으로는 영조의 '유산'을 계승하기에 충분하지 않다는 것을 그는 잘 알고 있었다. 정조는 자주 왕궁 밖으로 나가서 민으로부터 열광적인 지지를 받았던 만년의 영조 모습을 잊지 않으려 했다. 그가 조부처럼 1779년(정조 3)부터 시작한 왕궁 밖 행차를 친정 직후부터 적극적으로 하게 된 것은 바로 이 때문이었다.

행차는 형식상으로는 도성 밖에 흩어져 있는 능묘와 도성 안에 있는 왕족을 제사하는 사당 참배를 목적으로 행해졌다. 앞에서 서술했듯이 영조시대 후기가 되면서 왕궁 밖으로 나가는 왕궁의 각 문과 성문 밖의 임어에만 집중된 측면이 있었는데, 정조는 다시 능행 참배를 부활시켜 그곳을 빠짐없이 돌았다.

그런데 영조가 행차를 통해 민과 접촉하는 일이 임시방편에 지나지 않다고 반성한 후 그것을 고쳤는데, 정조는 왜 다시 행차를 부활시켰을까. 그 이유 가운데 하나는 도성 안 각 문에 모일 수 있는 사람이 지역적으로 대단히 한정되어 있다는 점이었다. 정조는 영조 이상으로 자주 경기도 안에 분포되어 있는 각 능묘에 참배하여 더 많은 지역의 사람들이 일부러 도성까지 오지 않고 그 장소에서 직접 접촉할 수 있도록 편의를 도모했던 것이다.

그러나 더 근본적인 이유는 정조가 행차를 시작했을 당시 그 때까지의 소원제도(訴冤制度)를 크게 개혁했던 점을 들 수 있다.

이 개혁에 대해서는 영조도 만년인 1771년(영조 47)에 신문고를 다시 설치하는 등의 의욕을 보였지만, 정조는 즉위 바로 뒤인 1777년(정조 원년) 2월에 그것을 계승하면서 다음과 같은 교서를 내렸다. 정조가 그날의 일을 볼 수 있도록 측근이 매일 기록한 《일성록(日省錄)》에서 인용하기로 한다.

　국왕이 궁궐 문에 이르면 차비문에서 격쟁하고, 문 밖으로 나가면 그 문 밖에서 격쟁하는 일은 고대의 제도이다. …… 이후 격쟁하는 자는 왕궁 안에는 이미 신문고가 있기 때문에 격쟁하지 말라. 그러나 왕궁 밖에서는 고대의 관례에 따라 형조로 넘겨 좀더 조사한 뒤에 국왕에게 상주하도록 한다.

즉 당시 창덕궁 차비문 밖에서 징과 꽹과리를 두드리는 행위 대신에 국왕이 행차할 때 왕궁 밖 넓은 곳에서 그것을 두드리는 행위를 격쟁이라 하고, 그곳에서 상소된 내용은 일단 형조로 넘긴 뒤 국왕에게 전달되어 판결을 내리도록 한 것이다. 이에 따라 격쟁은 상언과 마찬가지로 국왕이 왕궁 밖으로 나왔을 때 길가의 어느 곳에서라도 할 수 있게 되었다. 한문을 알아야만 가능한 상언에 비해 말로 상소하는 것이 가능했던 격쟁은 상민과 천민이 더 많이 선호했던 직소(直訴) 수단이었으며, 그리고 상언과 똑같은 조치를 내렸던 것은 그들에게 널리 직소를 인정한다는 의미였다.

더욱이 1785년(정조 9)에는 김종억(金宗億)이라는 사람의 상소를 계기로 상언과 격쟁을 할 수 있는 내용이 크게 완화되었다. 형조의 관제연혁 따위를 정리·분류하기 위해 정조시대에 편찬된 《추관지(秋官志)》라는 사료를 보자.

김종억이 상소한 것은 네 가지 경우[四件事]에 해당되지 않는다. 그러나 법전 가운데서도 특별히 민에게 고통을 주는 것이 있다면, 네 가지 경우가 아니더라도 심리하도록 허용하고 또한 상언과 격쟁을 허용한다.

즉 정조는 과거 개인과 가족에게만 한정된 소원을 중심으로 하는 '네 가지 경우' 외에도 민이 남모르게 겪고 있는 생활상의 불안과 고충(이를 '民隱'이라 한다)에 대한 상언과 격쟁을 인정한 것이다. 뒤에 다시 서술하겠지만, 이로 인해 부당한 과세, 토지와 상공업 이익의 침해 등 민의 이해와 직접 관련된 소(訴)가 새로 가능하게 되었다.

물론 이러한 개혁에 대해 신하의 반대도 적지 않았다. 예를 들면, 당시 신하 가운데 최고 지위인 영의정의 자리에 있던 서명선(徐命善 : 1728~1791)은 정조에게 다음과 같이 말하고 있다.

최근 기강이 매우 문란해지고, 백성의 관습이 어리석고 완고하여 국왕이 탄 가마 앞에서 격쟁하는 일이 일상사로 되어 버렸습니다. (《정조실록》 정조 5년 7월 丙辰)

최근 어리석은 백성이 법전의 뜻을 알지 못하고 왕궁 밖에서 격쟁하는 일이 많을 때는 6명이나 되니 매우 놀랍습니다. 신의 생각으로는 '네 가지 경우' 외에 격쟁하는 자에 대해서는 특별히 정한 법을 신속하게 적용하심이 옳은 줄 압니다.(위와 같음)

이처럼 서명선은 개혁을 반대하는 입장에서 격쟁의 허용 범위를 원래대로 할 것을 세 번이나 국왕에게 요구하였다. 이에 대해 정조는 "왕궁 밖의 격쟁을 막지 않는 것은 민정이 전달되도록 하기 위한 방법이니, 그 때문에 혼잡스런 상황이 일어나는 것은 어쩔 수 없는 일"(《정조실록》)이라 하여 민본사상을 방패로 신하의 상소를 물리쳤던 것이다.

그렇다면 정조는 24년의 통치기간 동안 얼마만큼 적극적으로 행차를 했을까. 또 행차길에서 상언과 격쟁은 얼마나 많이 발생했을까. 이에 대해 《정조실록》과 한상권(한국사)[32]의 학위논문인 〈조선후기 사회문제와 소원제도의 발달〉을 기초로 작성한 [표 4]를 참조하면서 살펴보기로 하겠다.

먼저 행차 횟수를 보자. 이 표에서 밝혀진 것만 더해도 70회 이상에 이른다. 그런데 이 표에는 1777년의 원릉(元陵)·건원릉(健元陵) 참배처럼 길가에서 대민접촉을 하지 않았거나, 상언이나 격쟁이 일어나지 않았던 행차가 포함되지 않았기 때문에, 실제 횟수는 이보다 약간 많았음이 분명하다. 아무튼 이 횟수는 [표 1]에서 살폈듯이 영조시대 전반의 26년 동안 실시된 행차 횟수가 30여 회였던 것에 비하면 2배 이상에 이르니, 그 빈도가 얼마나 높았던가를 알 수 있다. 연 평균 3회 꼴로 왕궁 밖으로 나갔던 것이다.

[표 4] 정조의 능묘행차 도중에 일어난 민과 접촉·상언·격쟁 접수

연 도	월 일	행차·임어 장소	접촉한 민	접촉내용	상언·격쟁
1779 (정조 3)	8월 갑인 ~신유	이천행궁·寧陵· 英陵·남한산성	길가의 민		
1780	9월 기묘	永陵	파주목의 父老	민폐를 물음. 파 주·고양의 환곡 경감	격쟁 9건
1781	4월 임자	永祐園·關王廟			격쟁 6건
	8월 을유	明陵·敬陵·翼陵· 昌陵·弘陵·順懷墓			격쟁 7건
	12월 기묘	景慕宮			격쟁 7건
1782	2월 정유	홍릉·명릉			상언 7건 격쟁 24건
	4월 병자	영우원·安樂峴· 東關王廟	老農	農形을 물음	격쟁 14건
	신사		綾州民	민이 폐해를 호소	
	5월 기미	雨祀壇			격쟁 14건
	9월 경신	영우원			격쟁 7건
	11월 신해	永禧殿	鍾街의 貢市人	疾苦를 물음	
1783	1월 계묘	종묘·영희전·毓祥 宮·延祐宮·경모궁			격쟁 7건
	8월 을유	懿陵			상언 7건 격쟁 1건
	11월 병진	영희전	市人·父老	민폐를 물음	
1784	2월 을해	건원릉·顯陵·穆陵· 崇陵·惠陵·元陵	부로	질고를 물음	상언 6건 격쟁 1건
	무인	경모궁			상언 14건 격쟁 2건
	3월 을사	宣政門	공시인	폐막과 行貨의 편부를 물음	
	5월 기사	경모궁			상언 6건
	8월 기해 ~경자	영릉·공릉·순릉	파주목 부로 고양군 부로	질고를 물음 환곡 감세 선포	상언 77건 격쟁 25건
	9월 정축	영우원			상언 41건 격쟁 8건
	12월 기축	慕華館			격쟁 9건
1785	2월 갑신	영희전			상언 10건
	경인	康陵·泰陵			상언 71건

연 도	월 일	행차·임어 장소	접촉한 민	접촉내용	상언·격쟁
1785 (정조 9)	4월 병진	영우원			상언 32건
	8월 갑신	영우원			상언 38건
					격쟁 14건
	8월 임신	璿源殿			상언 12건
	9월 경술	명릉·익릉·경릉·창릉·홍릉·順德墓			상언 80건
	정묘	경모궁			상언 7건
					격쟁 2건
1786	1월 경술	社稷	종로의 공시인	민폐를 물음	
	2월 기해	효릉·禧陵			상언152건
	4월 갑술	영우원·동관왕묘			상언 21건
	9월 병자 ~정축	懿昭墓·義烈墓·孝昌墓·경희궁			상언 72건
	정유	정릉·영우원			상언 53건
1787	1월 경오	사직	종로의 공시인	민폐를 물음	
	2월 갑신	원릉·건원릉·현릉·목릉·휘릉·혜릉·숭릉			상언 86건
	4월 신축	영우원			상언 3건
	5월 정묘	효창묘			상언 29건
	8월 신해	소녕원·고양행궁	부로	민폐를 물음, 감세교서 발표	상언132건
1788	1월 신미	육상궁·연우궁·의열궁	종로의 공시민	폐해를 물음	
	4월 병신	영우궁·관왕묘			상언166건
	9월 갑자 ~을축	靖陵·宣陵·효창묘	果川·廣州민인	감세조치 시행	상언133건
	11월 임술	경희궁·효창묘	종로의 공시인	민폐를 물음	
1789	2월 기해 ~임인	파주행궁·창릉·弘陵·익릉·順懷墓·경릉	고양군 부로 교하군 부로 파주 부로	토지세·환곡 감세조치 시행	상언147건
	4월 임신	영우원			상언 19건
	신해 ~임자	文禧廟·경희궁·효창묘·宣嬪墓			상언 20건
1790	2월 계해	관왕묘		환곡과 신포 감세	상언270건
	을묘	종가	流民		
	3월 을미	의소묘·선희묘·			상언 39건

연 도	월 일	행차·임어 장소	접촉한 민	접촉내용	상언·격쟁
1790 (정조 14)	3월 을미 9월 을미 ~병진 10월 기유	효창묘 춘단대·鍊戎臺 원릉·건원릉·현릉· 목릉·휘릉·숭릉· 혜릉			상언 20건 상언126건
1791	1월 임신 ~계자 2월 신미 9월 정유	현릉원 弘陵·昌陵·明陵 思陵			상언107건 상언 40건 상언 24건
1792	1월 갑오 ~병진 2월 계해 ~을축 9월 병오 ~무신	현릉원 永陵 광릉·관왕묘·양주 행궁	村店 부로 관광하는 민인, 양주포천 부로, 촌점 민인	질고를 물음 질고를 물음. 농형 과 民隱을 물음. 감세조치 시행	상언129건 상언 71건 상언 80건
1793	1월 병오 ~무신 9월 갑오 11월 갑오	관왕묘·화성행궁· 현륭원 원릉·관왕묘·건원릉 ·휘릉·현릉·혜릉· 숭릉 육상궁	연도의 부로 공시인	민폐를 물음 폐해를 물음	상언 39건 상언 66건
1794	1월 신축 ~계묘 9월 임자	화성행궁·현륭원 명릉·경릉·익릉· 창릉·弘陵·순회묘			상언 87건 상언 53건
1795	윤2월 무술 ~신축 10월 무자	화성행궁·현륭원 宣禧墓·懿昭墓	始興의 부로	민의를 물음 환곡 감세조치	상언127건 상언 55건
1796	1월 경술 정묘 ~신미 11월 갑자	社壇 화성행궁·현륭원 영희전	종가의 공시인 과 五部 부로 공시인	폐해를 물음 폐해를 물음	상언 36건
1797	2월 임신 ~갑술	화성행궁·현륭원	성 안 부로	慰諭하다	상언 39건

연 도	월 일	행차·임어 장소	접촉한 민	접촉내용	상언·격쟁
1797 (정조 21)	8월 신해 ~을묘	章陵·화성행궁· 현륭원	김포 부로	질고를 물음	상언 84건
1798	1월 정묘 2월 무술 ~기해 8월 경신	종묘·영희전·경모궁 화성행궁·현륭원 경릉·창릉·명릉· 익릉·弘陵·순회묘	공시인	질고를 물음	상언 73건 상언 42건
1799	8월 병오 ~정미	화성행궁·현륭원			상언114건
1800	1월 경오 ~신미 경신 3월 계유 ~무술	화성행궁·현륭원 종가 원릉·건원릉·목릉· 휘릉·현릉·혜릉· 숭릉	공시인		상언 39건 상언133건

주 : 《정조실록》과 앞의 한상권 학위논문 63~65쪽, 333~340쪽에 따름. 또 상언과 격쟁
가운데 밑줄을 친 부분은 《정조실록》에, 그 밖의 것은 한상권 논문에 따랐다. 격쟁은
그 날짜가 기록된 것만 실었다.

[표 4-2] 각 왕릉의 매장자와 그 소재지

능 명	매장된 왕족 이름	소 재 지
健元陵	초대 태조	양주목(현 구리시)
齊陵	초대 태조비 神懿왕후	풍덕부(현 개성시)
貞陵	초대 태조비 神德왕후	양주목(현 서울 성북구)
厚陵	2대 정종과 그 비 定安왕후	풍덕부(현 개성시)
獻陵	3대 태종과 그 비 元敬왕후	광주부(현 서울 서초구)
英陵	4대 세종과 그 비 昭憲왕후	여주목(현 여주군)
顯陵	5대 문종과 그 비 顯德왕후	양주목(현 구리시)
思陵	6대 단종비 定順왕후	양주목(현 남양주시)
光陵	7대 세조와 그 비 貞熹왕후	양주목(현 남양주시)
敬陵	7대 세조 제1자 추존 德宗과 비 昭惠왕후	고양군(현 고양시)
昌陵	8대 睿宗	위와 같음
恭陵	8대 예종비 章順·安順왕후	파주목(현 파주군)
宣陵	9대 成宗	광주부(현 서울 강남구)
順陵	9대 성종비 恭惠·貞顯왕후	파주목(현 파주군)
靖陵	11대 中宗	광주부(현 서울 강남구)
溫陵	11대 중종비 端敬왕후	양주목(현 양주군)
禧陵	11대 중종비 章敬왕후	고양군(현 고양시)
泰陵	11대 중종비 文定왕후	양주목(현 서울 도봉구)
孝陵	12대 인종과 그 비 仁聖왕후	고양군(현 고양시)
康陵	13대 명종과 그 비 仁順왕후	광주부(현 서울 노원구)
穆陵	14대 선조와 그 비 懿仁·仁穆왕후	양주목(현 구리시)
章陵	14대 선조 제5자 추존 元宗과 그 비 仁獻왕후	김포군
長陵	16대 인조와 그 비 仁烈왕후	파주목(현 파주군)
徽陵	16대 인조비 莊烈왕후	양주군(현 구리시)
寧陵	17대 효종과 그 비 仁宣왕후	여주목(현 여주군)
崇陵	18대 현종과 그 비 明聖왕후	양주목(현 구리시)
明陵	19대 숙종	고양군(현 고양시)
翼陵	19대 숙종비 仁敬왕후	위와 같음
懿陵	20대 경종	양주목(현 서울 성북구)
惠陵	20대 경종비 端懿왕후	양주목(현 구리시)
元陵	21대 영조	양주목(현 구리시)
弘陵	21대 영조비 貞聖왕후	고양군(현 고양시)
永陵	21대 영조 제1자 추존 眞宗과 그 비 孝純왕후	파주목(현 파주군)
永祐園	21대 영조 제2자 추존 장헌세자	양주목(현 서울 동대문구)
顯隆園	위와 같음	수원부(현 화성군)

주 : 왕릉과 왕족명은 정조시대의 명칭에 따랐다.

다음으로 행차지를 보면, 크게 ① '영희전(永禧展)'처럼 왕궁에 인접한 전각(殿閣), ② '경모궁(景慕宮)' '육상궁(毓祥宮)' 등 도성 안에 왕족을 모신 사당(祠堂), ③ '관왕묘(關王廟)' '동관왕묘(東關王廟)'와 같이 도성문 밖에 인접한 관제묘(關帝廟), ④ 역대 국왕과 왕비를 안장한 도성 밖 능묘 등 네 가지로 나눌 수 있다. 이 가운데 ①, ②, ③은 왕궁과 가까워 하루 만에 왕복할 수 있었지만, ④는 며칠 걸리기 때문에 드물었다.

여기서 주목할 것은 정조가 임오처분(壬午處分)으로 목숨을 잃은 왕세자에게 정중한 태도를 취한 점이다. 그는 즉위하자마자 부친인 왕세자에게 '사도세자'라는 존호를 부여하고, 부친을 모신 사당을 '수은묘(垂恩廟)'에서 '경모궁'으로, 무덤을 '수은묘(垂恩墓)'에서 '영우원(永祐園)'으로 각각 명칭을 격상시켰다. [표4]를 보면 정조가 이 사당과 묘지에 자주 참배했음을 알 수 있다. 1781년(정조 5)에 정조는 다시 부친의 존호를 '장헌세자(莊獻世子)'로 격상시켰으며, 1791년(정조 15)에는 묘지를 서울에서 약 55킬로미터 떨어진 경기도 수원부(지금의 화성)로 옮기면서 영우원을 '현륭원(顯隆園)'으로 이름을 바꾸었다.[33] 동시에 수도방위를 위한 관청인 '도호부'가 있던 수원도 화성(華城)으로 이름을 바꾼 뒤, 1796년(정조 20)에는 성곽과 군영, 행궁 등을 겸비한 신도시로 바꾸어 사실상 서울 다음가는 제2의 도읍으로 만들었다(95쪽 지도 참조). 1791년 이후 정조가 거의 정기적으로 현륭원과 화성행궁으로 행차한 것도 이 때문이다.

이어서 대민접촉과 상언·격쟁에 대해 살펴보자. 국왕이 길가의 민들에게 생활의 불안이나 고충을 묻는 대민접촉 방식은 앞에서도 언급했듯이 영조 때부터 시작된 것이었다. 그런데 정조가 행차하는 길가에서는 국왕이 길가의 민들에게 묻는 것보다는 민이 국왕에게 올리는 상언과 격쟁 쪽이 훨씬 더 많았음을 알 수 있다. 이미 설명한 소원제도의 개혁을 상기한다면 이것은 당연한 결과일 것이다. 《정조실록》에 기록된 상언의 건수는 [표 4]에서 보듯이 모두 2,671건에 이른다.

그리고 《정조실록》보다 사료적인 가치가 높고, 상언과 격쟁의 접수·처리를 자세히 기록한 《일성록》을 토대로 한 한상권의 연구에 따르면, 정조는 모두 상언을 3,217건, 격쟁을 1,298건 받았다고 한다.[34] 정말 놀랄 만한 수치인데, "가마 앞에서의 격쟁을 마치 일상의 일처럼 여긴다"고 한 영의정의 말이 결코 과장이 아니었음을 알 수 있을 것이다.

계속해서 한상권의 분석에 따라 상언과 격쟁을 했던 사람들의 신분과 직업을 보자. 상언은 하층 양반에 속하는 '유학(幼學)'이 압도적으로 많아 전체의 60.9퍼센트에 이르며(단, 유학을 자칭하는 사람도 포함), 다음은 상민 신분에 속하는 '양인'이 5.6퍼센트, 중인 신분에 속하는 '한량'이 3.9퍼센트 등이다. 한편 격쟁을 가장 많이 한 것도 상언과 마찬가지로 유학(幼學)이지만 그 비율은 29.5퍼센트에 불과해, 두 번째로 많이 격쟁한 상민 신분 '소리(召吏)'의 비율(20.6%)과 큰 차이가 없다. 이하 양인이 14.5퍼센트, 양반 신분에 속하는 '동몽(童蒙)'이 11.1퍼센트인데, 노비가 4.6퍼센트인 것도 주목할 만하다.[35] 이 통계는 소원제도의 개혁으로 재야의 양반뿐만 아니라 천민을 포함한 많은 하층민이 국왕에게 직소하고 있음을 보여주는 것이라 할 수 있다.[36]

융릉(현릉원) 전경(사진 한영우)

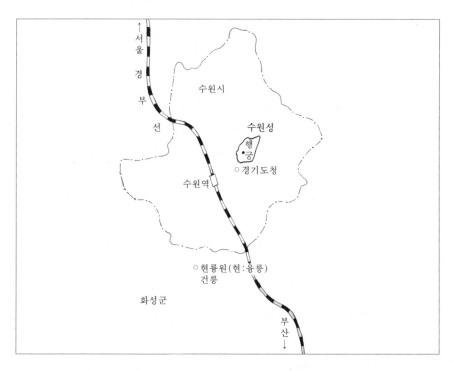

현재의 수원성과 건릉 부근

게다가 두드러지게 눈에 띄는 것은 이 시기에 새롭게 인정된 민의 고충에 관한 상언과 격쟁이 다수를 차지하고 있다는 점이다.[37] 구체적으로 말하면 토지세를 뜻하는 전정(田政), 앞서 설명한 양역을 뜻하는 군정(軍政), 그리고 봄에 식료나 종자용 곡식을 빌려주고 가을에 10퍼센트의 이자를 붙여 회수하는 고리대 제도를 뜻하는 환곡처럼 수령이 민에게 부과하는 조세 수탈을 둘러싼 소송, 소유권의 수탈과 지대의 부당한 징수 등 토지의 이익을 둘러싼 소송, 그리고 상공업자의 이익 침해를 둘러싼 소송 등이 여기에 속한다. 이러한 소송의 배경에는 종종 지역 공동의 이해가 얽혀 있어 같은 처지에 있는 사람들이 집단으로 국왕에게 수령의 부정을 소송하는 일도 있었다.[38]

결국 사람들은 상언과 격쟁을 통해 종래까지 있었던 가계의 문제와 개인·가족의 면죄 등을 소송할 뿐만 아니라, 집단을 이루어 지방 수령의 강압적인 횡포에 본격적으로 저항하기 시작한 것이다. 그들에게 정조라는 국왕은 단지 우러러보기만 하는 '구름 위의 존재'가 아니라, 여러 가지 고통을 호소하는 그들의 목소리에 진지하게 귀기울이고 해결을 위해 적절한 판단을 내리는, 진심으로 신뢰할 수 있는 존재였던 것이다.

국왕과 민의 친근한 관계는, 때로는 다음과 같은 일화를 낳기도 하였다. 1786년(정조 10) 음력 9월 갑자(6일), 정조 일행은 경기도 광주부(지금의 서울시 강남구)에 있는 선릉(宣陵)과 정릉(靖陵)에 참배하기 위하여 창덕궁 홍화문을 출발해서 한강 부근의 서빙고(지금의 용산구 서빙고동)라는 왕실용 얼음을 저장한 장소에 도착하였다. 여기서 배를 이어 만든 선교(船橋)로 한강을 건너갈 예정이었는데, 공교롭게도 전날 밤에 강풍이 불어 배의 토대(土臺)가 완전하지 못했다. 그래서 수행하던 좌의정 이성원(李性源 : 1725~1790)과 우의정 채제공(蔡濟恭 : 1720~1799)이 만일을 위해 행차를 그만두도록 정조에게 말했다.

그러나 정조는 "한걸음도 물러설 수 없다"고 하며 이를 물리친 뒤, 많은 신하를 동원해서 그 지역 사람들과 힘을 합쳐 선교를 고치도록 명령하였다. 그러자 즉시 '과천·광주민'과 '어가를 따르던 민과 병졸'뿐만 아니라 '좌우에 구경하던 사람'까지 달려들어 수리를 도왔기 때문에 날이 저물기 전에 강을 건널 수 있었다. 다음날 정조는 이곳으로 돌아와서 그들을 만나 전날의 노고를 치하하고, 그 보답으로 과천·광주 두 지역의 환곡 1년치를 특별히 감면하는 조치를 내렸다(이상은 《일성록》에 따름).

그런데 국왕과 민의 친근한 관계를 뒷받침해 주는 것으로 〈정조대왕능행도(正祖大王陵幸圖)〉(덕수궁 궁중유물박물관 소장)라는 그림이 있다. 이 그림은 1795년의 화성행차 모습을 묘사한 것인데, 국왕 일행이 노량진 부근에서 한강에 설치한 선교를 건너는 그림[鷺梁舟橋渡涉圖], 경기도 시흥읍(지금의 경기도 안양시) 부근의 농촌을 지나가는 그림[始興還御行列圖] 등 전부 8폭으로 구성되어 있다. 이 책에서는 특히 〈노량주교도섭도〉 등 2폭을 실었다(책의 첫머리 참조).

이 그림에는 국왕 일행의 장대한 행렬과 함께 행렬을 구경하는 사람들의 모습이 많이 묘사되어 있다. 한강을 바라보는 언덕 위에서 행렬을 한가로이 내려다보는 사람이 있는가 하면, 국왕이 지나가는 길 바로 옆에 서서 보고 있는 사람들 등 각각의 장소에서 자유스런 자세를 취하고 있음을 볼 수 있다. 뒤에 서술하겠지만, 같은 시기 일본에서 막번체제 때 쉽게 상상할 수 있는 것, 즉 쇼군과 다이묘(大名)의 행차 때 실시된 규제 같은 것은 여기서는 전혀 찾아볼 수가 없다.

이상 정조시대의 '일군만민'적인 정치상황에 대해 살펴보았다. 그런데 정조가 영조로부터 이어받은 '일군만민' 사상은 단지 행차를 거듭하는 것에만 머물지 않았다. 그는 그것을 학문에서도 본격적으로 추구하였다.

정조가 즉위할 당시 학문을 매우 중요하게 여겼다는 것은 앞에서도 설명했는데, 이것은 그가 단지 훈고학적인 자구(字句) 해석에만 만족했음을 뜻하는 것은 아니다. 물론 그는 주자(朱子)를 좇아 유교의 경전 해석을 중시하는 영조의 교육을 받았다. 그러나 한편으로는 다음과 같이 서술한 점도 주목하고 싶다. 정조가 죽은 뒤 그의 저술과 어록을 모두 모아 편찬한 《홍재전서(弘齋全書)》에서 인용하였다.

학문이란 별다른 것이 아니다. 일상생활에서 하는 것, 이것이 바로 학문이고 공부이다. 옷을 입을 때나 밥을 먹을 때, 이 모두가 학문이다. 그러나 지금 사람들은 학문을 현실과 멀리 떨어져 있어 실천하기 어려운 일로 보면서, 학문과 공부는 어디서부터 손을 대야 하는지 잘 알 수 없다고 말한다. 모두 틀렸다.(권 163, 日得錄, 文學 3)

학문의 길은 다른 데 있는 것이 아니다. 일상에 쓰는 사물 위에 존재한다. 그 올바른 도리를 탐구하여 점점 일상의 사물에서 분리시키는 것일 뿐이다. 후세의 유학자가 이따금 교묘한 말솜씨를 부려 '심(心)'과 '성(性)'을 설명하고 거기에서 진리에 이르려 하지만, 방법이 확실하지 않기 때문에 그것이 무엇인가를 알지 못한다. 이것은 곧 형체는 있으나 쓸모없는 학문이다.(권 164, 日得錄, 文學 4)

결국 정조는 '후세의 유학자들'처럼, 학문을 현실에서 벗어난 것이라든가 또는 학문을 '심'과 '성'을 설명하는 것 따위로 보지 않았다. 그에게 학문이란 어디까지나 일상생활과 결합한 현실적인 것이어야만 했다.

물론 정조의 이러한 학문관에는 당시까지 절대적인 존재로 여겨졌던 주자학의 방법에 대한 통렬한 비판이 담겨 있다. 그리고 그의 비판은 단순히 주자학의 방법에만 머물지 않고, 한걸음 더 나아가 주자학의 사상과 해석쪽으로도 전개된다. 정조는 이제 자신의 치세에 적합한 새로운 정치철학을 만들고자 한 것이다. 이를 위해 그는 먼저 사림정치의 이론적 근거인 구양수와 주자의 붕당에 대한 긍정적인 견해를 고치려 하였다.

당시의 붕당은 숙종 이후 노론·소론·남인·북인 네 당파로 갈라져 있었고, 게다가 노론은 정조의 부친인 장헌세자의 평가를 놓고 그의 죽음을 당연하게 여기는 '벽파(辟派)'와 세자에게 동정적인 '시파(時派)'로 분열되어 있었다. 그런데 정조는 이러한 붕당은 이미 '군자의 당'과 '소인의 당'으로 구분될 수 없으며 하나의 붕당 속에 두 개가 뒤섞여 있는 상태이기 때문에, 붕당 자체를 변혁해서 새로 군주가 주도하는 정치를 보좌하는 존재로 되어야만 한다고 주장하였다.[39] 이 '파붕당(破朋黨)'론은 정조가 《서경》

을 강의하면서 1784년(정조 8)에 〈황극편서(皇極編序)〉라 제목을 붙인 문장 속에서 제기된 것인데, 이전에 경연제도를 대신해서 도입한 초계문신제도를 염두에 둔 주장이라 할 수 있다.

이어 정조는 중국 고대의 요순과 같은 성인에 대해서도 주자와는 다른 해석을 시도하였다. 먼저 주자가 본 성인은 《논어》 위령공(衛靈公) 제15의 "공자 말하기를, 인위적이지 않고서도 잘 다스린 사람이 순인가"에 대한 해석에서 잘 드러난다. 즉 그는 "인위적이지 않고서도 잘 다스린다는 것은 성인의 덕이 커서 민이 자연히 감화받았기 때문에 억지로 무언가를 할 필요가 없다는 것"(《논어집주》)이라 설명하여, 성인이란 자신의 덕으로 왕위에 오른 것인 만큼 자연히 민을 감화시킬 수 있는 인물이라고 주장하였다.

그러나 정조가 파악한 성인은 초계문신을 모아 유교 경전과 역사서를 강의할 때, 《서경》 고도모(皐陶謨)에 대해 말한 것에서 드러나고 있다. 먼저 그 원문을 보자.

고도는 "아! (황제가 중요하게 힘쓸 것은) 관리의 됨됨이를 아는 데 있습니다. 민을 안심시키는 데 있습니다"라고 말한다. 우(禹)가 "아! 둘 다 잘하는 것은 황제[堯]라도 힘들 것입니다"라고 말한다.

이 원문에서 정조가 주목한 것은 바로 요순(堯舜)에 다음가는 성인으로 불리는 우(禹)의 말이다. 그는 우의 말을 풀이한 뒤, 이를 다음과 같이 심하게 비판하였다. 다시 《홍재전서》에서 인용하자.

"만일 관리의 됨됨이를 알고 민을 안심시키려 한다면 요(堯)조차 힘들 것이니, 누가 또 이런 일을 할 수 있겠는가"라는 우의 말은 군주가 힘든 일을 하려는 생각을 막는 것이 아닌가. 요순과 같은 성인은 원래 우와 같은 생각을 하지 않았다. 그런데 훗날에 와서 이런 뜻으로 보는 생각이 나오게 된 것이다.(권 97, 經史講義)

즉 정조에게, 성인이란 주자가 말한 것처럼 가만히 있기만 할 뿐 아무 것도 하지 않는 존재가 아니라, 매우 힘든 과업인 '관리의 됨됨이를 알고, 민을 안심시키는 일'을 실현하기 위해 적극적으로 '작위(作爲)'하는 '의지를 가진 왕(有爲之王)'이어야 했던 것이다.[40] 성인을 이렇게 보는 정조의 인식에서 왕궁 밖으로 나가 민에게서 여러 가지 호소를 듣는 그 자신의 모습이 겹쳐지는 것을 볼 수 있을 것이다.

이렇게 해서 독자적인 정치철학을 쌓아 올린 정조가 통치를 통해 가장 중요하게 여겼던 경전은 바로 영조한테서 직접 교육받았던 《대학》이었다. 그는 만년인 1799년(정조 23)에 《대학유의(大學類義)》를 편찬하는 한편, 오랜 세월에 걸친 《대학》 연구를 통해 얻은 정치철학을 〈만천명월주인옹자서(萬川明月主人翁自序)〉라 제목을 붙인 짧은 글로 정리하였다. 여기서 그는 자신의 통치를 돌이켜 보면서 그것은 오로지 《대학》의 서두에 나오는 '명명덕(明明德)'을 실천하기 위한 과정이었다고 총괄하였다. 그리고 그 결과 중국 주나라의 성인인 문왕에 필적할 만한 치세를 이루었다고 자신있게 말함과 동시에, '물과 달의 모습을 보고 태극음양오행의 이치를 깨달았다'고 하면서 다음과 같이 자신[君主]을 달[太極]에, 그 밖의 모든 사람[臣民]을 하천의 물[萬物]로 비유한 것이다. 다시 한번 《홍재전서》에서 인용한다.

　달은 하나다. 강의 물은 모두 같다. 달이 강물에 비치면 앞에 흐르는 물에도 달이 비치고, 뒤에 흐르는 물에도 달이 비친다. 달과 물의 수가 같으니, 물이 만 개라면 달도 또한 만 개이다. 그런데 하늘에 있는 달은 여전히 하나일 뿐이다.(권 10, 序引)

　흐르는 물이 멈추면 달도 그렇게 멈추고, 멈춰 있던 물이 거슬러 올라가면 달도 똑같이 거슬러 올라가고, 거슬러 올라간 물이 돌아가면 달도 그렇게 한다. 모든 그 물의 근본은 달의 정기[精]인 것이다. 나는 그 물이 세상 사람들임을 알았다. 달이 비치어 밝게 하는 것은 사람의 모습이다. 달은 태극이다. 태극이란 바로 나다. 옛날 사람들이 수많은 만물[萬川]과 명월(明月)을 비유했는데, 이것이 바로 태극의 신용(神用)함에서 나온 것을 말하는 것이 아닐까.(위와 같음)

　여기서는 '명월'처럼 명덕(明德)한 마음을 가진 군주인 정조와 그 빛을 받을 수 있는 '만천(萬川)'으로서 민의 모습만 있다. '태극'의 원리가 분화하여 '만물'로 되듯이 군주가 발하는 빛으로 상징되는 공덕(公德 : '參贊位育之功')은 신하든 노비든 모두 물인 신민(臣民) 한 사람 한 사람에게 차별없이 내리며, 동시에 개개인은 그것을 듬뿍 받고 있다. 이것은 정치운영에서뿐만 아니라 유교사상이라는 측면에서도 군권(君權)에 대해 신권(臣權)을 원리적으로 부정하는 단계에 이르렀음을 뜻한다. '일군만민'의 정치철학이 확립된 것이다.[41]

끝으로 천주교에 대한 정조의 견해를 언급하고 싶다. 1784년 (정조 8) 베이징에서 이승훈(李承薰 : 1756~1801)이 세례를 받은 지 2년 후에 서울에 천주교회가 세워짐으로써 조선의 천주교는 시작되었다고 할 수 있다. 처음에는 소수의 양반 지식인이 책을 통해 교리를 탐구하는 정도의 지적인 활동에 지나지 않았다. 그러나 이후 몇몇 사건을 거치면서 천주교를 신앙으로 받아들이는 사람들이 중인과 상민층을 중심으로 폭발적으로 늘어났다. 신자의 수가 18세기 말까지 1만 명에 이르고 있었다.[42]

이처럼 천주교가 매우 빨리 보급된 배후에는 천주교를 이단이나 사설(邪說)로 보지 않는 정조의 관용적인 태도가 있었다. 이를 잘 나타내 주는 정조의 말을 《정조실록》에서 두 부분 인용한다.

일반적으로 사악한 도가 퍼져 많은 사람들의 귀를 현혹시키는 것이 어찌 서학뿐이겠는가.(정조 12년 7월 壬辰)

서학을 금지하려면 먼저 소설과 잡문의 간행을 금지시키고, 소설과 잡문을 금지하려면 먼저 중국의 명(明) 말기와 청(淸) 초기의 문집부터 금지해야 할 것이다.(정조 15년 10월 乙丑)

여기서 정조는 천주교를 탄압하는 것보다 당시 민중들 사이에 빠르게 퍼져 나가고 있던 경박한 '명말청초의 문집'을 단속하는 일이 선행되어야 한다고 주장하였다. 그리고 이러한 주장 아래 정조는 천주교를 신속히 탄압하도록 요구하는 신하의 상

소를 물리쳤던 것이다.[43]

그런데 천주교를 믿었던 사람은 중인과 평민만이 아니었다. 이가환(李家煥 : 1742~1801), 정약종(丁若鍾 : 1760~1801), 정약용 등 정조와 가까운 위치에 있던 남인계의 초계문신 출신 관료와 실력 있는 관료 역시 천주교에 정통하고 있었다. 이런 사실은 당시 다수파를 차지하고 있던 노론계의 관료들에게 그들을 제 거하기 위한 절호의 구실을 주게 되었다. 결국 1799년(정조 23) 사간원 대사간인 신헌조(申獻朝 : ?~?)는 남인계의 권철신(權哲 身 : 1736~1801)과 정약종을 천주교의 우두머리로 지목하여 정 조에게 상소하였다. 그런데 정조는 이 상소에 대해 그의 관직을 박탈하는 것으로 대응하고, 이후 이 사실을 논의하는 것 자체를 금지시켰다.[44]

정조가 천주교 사상을 어느 정도 알고 있었는지 지금으로서 는 확실하지 않다. 그러나 지금까지 서술한 것에서도 알 수 있 듯이 적어도 천주교를 유교와 완전히 대립하는 사상으로 생각 한 것만은 분명하다.[45] 프랑스인 선교사 달레(Dalee : 1829~1887) 가 쓴 《조선교회사》(전2권, 1874)에 따르면, 1799년에 최필공(崔 必恭 : 1744~1801)이라는 천주교도와 대화하면서 정조는 "나도 천주교 서적을 읽어 보았다"고 하면서 의문점을 하나하나 솔직 하게 물었다. 그리고 "진리는 스스로 드러나는 법으로 잘못은 언젠가는 바른 데로 돌아간다. 천주교가 진리인가 아닌가는 아 직 모르겠다. 좀더 알아보도록 하자"고 말해 그 추이를 지켜보 는 자세를 보여주고 있다.[46] 이와 같은 겸허한 태도 속에서 천주 교에 대한 정조의 일괄된 이해를 읽을 수 있을 것이다.

그런데 이 당시 정조는 자신의 죽음이 눈앞으로 다가왔음을 느꼈다. 1800년(정조 24) 6월 정조는 천주교의 장래에 대해 '좀더 알아볼' 겨를도 없이 등 뒤에 난 종창(腫脹)이 악화되어 49세의 나이로 급사하였다. 그의 죽음은 정조의 탁월한 통치력으로 억눌려 있던 노론계 관료의 불만을 폭발시키는 돌파구가 되었다. 천주교를 탄압한다는 이름 아래, 그들은 정조가 완성했던 정치 운영 방식과 사상까지 하루아침에 파괴한 것이다. 이 점에 대해서는 장을 바꾸어 설명하려 한다.

4. 같은 시대의 일본 I
— 막번체제의 폐쇄 상황

영조가 왕궁 문전에서 민과 접촉하는 것을 관례로 만들었던 1763년(영조 39) 음력 8월 3일, 홍문관 부제학이자 경상도 관찰사인 조엄(趙曮 : 1719~1777)을 대표[正使]로 하는 477명의 일행이 국왕의 친서를 가지고 창덕궁을 출발하였다. 그들은 서울에서 충주, 안동, 경주 등을 거쳐 8월 22일에 부산에 도착하였다. 10월 6일에 부산에서 배를 타고 쓰시마(對馬)·이키(壹岐)를 거쳐 12월 27일 아카마가세키(赤間關 ; 지금의 시모노세키)에 도착하였다. 일행은 세토(瀬戸) 내해를 지나 오사카(大坂), 교토(수도)와 도카이도(東海道)를 거쳐 1764년(영조 40, 明和 원년) 음력 2월 16일에 에도(江戸)에 도착, 곧바로 아사쿠사(淺草)의 동본원사(東本願寺)에서 여장을 풀었다. 도쿠가와 이에하루(德川家治 : 1737~1786, 재직 1760~1786)가 쇼군의 직을 계승한 것을 축하하는 임무를 마친 그들은 3월 11일에 에도를 떠나, 왔던 길을 거슬러 7월 8일에 서울 창덕궁으로 귀환하였다.[47]

이 일행이 바로 훗날 '조선통신사'라는 이름으로 알려진 파견

사절이었다. 조선통신사는 쇄국정책을 취하고 있던 당시의 일본으로서는 유일한 정식 외교관계를 맺고 있던 독립국 조선과의 선린우호를 상징적으로 보여주는 사절이었다. 이 사절을 포함하여 도쿠가와시대에는 전부 열두 차례 파견되었는데, 각 사절의 구체적인 내용에 대해서는 이미 많은 연구가 있어, 여기서는 다루지 않겠다. 다만 이 글과 관련해서 그들이 에도로 가는 길과 서울로 돌아가는 길에서 남긴 일기에 주목을 하고 싶다. 거기에는 다음과 같은 조선과 일본의 차이가 부각되고 있다.

앞의 사절에서는 조엄이 《해사일기(海槎日記)》라 이름을 붙인 일기를 남기고 있다. 일기에 따르면 조선에서는 일행의 행렬이 길가의 사람들로 인해 자주 방해를 받았다. 예를 들어, 그들이 부산 근교의 동래온천에 도착했을 때 "향인·장교·이민(吏民)·승려 수백 명 등이 마을 어귀에 나와 가마를 막고, 말을 둘러싼 뒤 행선지를 다투어 물었기" 때문에 일행은 "잠시 멈추어 이에 술로 답하지"(8월 20일) 않을 수 없었다. 또한 돌아오는 길에 경상도 청도에 들어섰을 때에도 일행을 환영하려고 모인 "도로의 사민(士民)들"(6월 27일)이 "멀고 먼 바닷길을 무사히 돌아온 것을, 곳곳에서 가마를 세워 위로와 축하를 하느라 떠들썩"(위와 같음)한 무질서한 광경이 보였다. 그런데 이런 광경에 대해 조엄은 "가히 인정이 있다"(위와 같음)고 하여 오히려 따뜻한 눈길을 던지고 있는 것이다.

이에 비해 일본 안에서의 광경은 어떠했는가? 통신사 일행의 신기한 모습 때문에 그들이 머무는 곳곳에서 조선보다 훨씬 많은 사람들의 주시를 받았다. 그러나 그보다 그들을 놀라게 한

1763년에 출발한 통신사

것은 주위를 가득 메운 군중들이 어떤 명령이라도 받았던 것처럼 기분 나쁠 정도로 한마디도 소리 내지 않고 침묵을 지켰던 것이다. 조엄은 배로 오사카에 도착한 1월 20일 일기에서 다음과 같이 쓰고 있다.

좌우의 강둑에 대나무로 만든 난간을 만들거나 붉은 양탄자를 깐다든가 금색의 병풍을 둘러치든지 하여 구경 나온 남녀가 주위를 가득 메우고 있었지만 떠들지 않았다. 그 수가 몇십만 명인지 알 수가 없다.

비슷한 기록은 도카이도를 거쳐 에도에 도착한 2월 16일의 일기에도 있다. 그는 이날 다음과 같이 쓰고 있다.

오늘 구경 나온 사람들의 수가 몇십만 명인지 알 수 없다. 그러나 조용하여 떠들썩하게 소란을 피운다든가 분주히 돌아다니는 사람도 없다. 이 또한 불가사의하다.

조엄이 오사카와 에도라는 일본의 대도시에서 처음 보았던 것들은 조선에서는 결코 볼 수 없는 광경이었다. 그가 매우 놀라 "이 또한 불가사의하다"고 표현한 것도 이런 이유 때문이리라.
물론 조엄의 기록을 그대로 믿는 것은 위험할 것이다. 그러나 이런 기록이 조엄 한 사람에게만 한정된 것이 아니라는 것 또한 사실이다. 통신사 일행을 맞이한 일본인들의 규율이 바르며, 결코 그것을 어지럽히지 않았던 것에 대해서는 다른 사절의 수행자도 일기에서 언급하고 있다. 몇 가지를 여기서 소개해 둔다.

우선 1636년(인조 14, 寬永 13)의 사절에서 정사를 맡았던 임광(任絖 : 1579~1644)의 《병자일본일기(丙子日本日記)》부터 살펴보자. 그는 이 해 음력 11월 10일 오사카에서 다음과 같이 쓰고 있다.

가는 길마다 구경 나온 사람들로 가득 차 여기까지 계속되어 그 수를 헤아릴 수 없다. 모두 줄을 지어 나란히 앉아서, 시끄럽게 소리를 내는 사람이 거의 없다. 엄히 단속했음을 알 수 있다.

또한 1682년(숙종 8, 天和 2)의 사절에는 수행한 통역 홍우재(洪禹載 : ?~?)가 《동사록(東槎錄)》이라는 일기를 남기고 있다. 그 해 음력 7월 20일에 빙고(備後)의 도우호(韜浦 ; 현재 나카시마현 후쿠야마시 도모노우라카)에서 쓴 기록은 이렇다.

길을 사이에 두고 구경하는 사람들은 포개지듯이 땅바닥에 엎드려 공경하나 조용하다. 발을 드리우고 길게 늘어선 작은 건물에 깨끗한 얼굴들이 잔뜩 모여 있으나 조용하여 한마디도 없다.

그리고 1719년(숙종 45, 享保 4)의 사절에서 시문(詩文)을 맡은 '제술관(製述官)'으로 수행한 신유한(申維翰 : 1681~?)은 일기 《해

유록(海游錄)》 부편(付篇)으로 쓴 〈일본견문잡록〉에서 그 소감
을 다음과 같이 쓰고 있다.

　길을 사이에 두고 구경하는 사람들은 모두 길 밖에 앉았다. 그런
데 키가 작은 사람은 앞에, 조금 더 큰 사람은 두 번째 줄에, 그보다
더 큰 사람은 뒤에 앉아 마치 대열을 맞춘 듯하고 정숙하여 떠드는
자가 없다. 수천 리를 보았지만 한 사람도 망령되게 행동하여 길을
방해하는 자가 없다.(平凡社, 東洋文庫版 姜在彦의 번역을 따름)

　이런 기록을 단지 우연의 일치로 볼 수는 없을 것이다. 사절
일행들은 조선 국내에서의 소란스러움, 그런 만큼 오히려 구경
나온 사람들의 표정이나 태도를 그릴 수 있을 정도로 친숙한 광
경에 익숙해 있었다. 그런 그들에게 일본의 광경은 설명을 들어
도 도저히 이해할 수 없을 만큼 통제되어 있었으니, 불가사의하
게 여기는 것도 당연한 것이었다.
　그러나 조선통신사에게는 불가사의하게 보이는 광경도 당시
의 일본에서는 반드시 그렇지 않았다. 전국의 도로망을 자주 왕
래하는 다이묘의 참근교대(參勤交代)와 보리사(菩提寺)에 있는 우
에노 관영사(上野寛永寺), 지증상사(芝增上寺)로 가는 쇼군의 행
차, 그리고 도쿠가와 이에야스(德川家康 : 1542~1616, 재직 1603~
1605)를 기리기 위해 닛코(日光)의 도쇼궁(東照宮)으로 가는 쇼군
의 신사참배 행렬 등이 있을 때는 통신사의 행렬보다 훨씬 더
엄한 규제가 있었다. 그것은 아마도 통신사 일행으로서는 상상도
못할 광경이었음에 틀림없다.

이 보론(補論)에서는 조선에서 일단 눈을 돌려 본론과 대비하는 형태로 도쿠가와시대의 일본에 대해 간단하게 언급해 두고 싶다. 물론 도쿠가와시대는 1603년(慶長 8)부터 1867년(慶應 3)까지이므로 19세기 부분은 본론에서 벗어나지만, 여기서는 일괄해서 같은 시대로 다루고자 한다. 우선 논점을 명확하게 하기 위해 과감하게 분석을 단순화시켰음을 미리 밝혀 둔다.

이미 설명했듯이 도쿠가와시대란 '행렬의 시대'(黑田日出男, 《왕권과 행렬》)라 불릴 만큼 참근교대로 인한 다이묘 행렬이 많았던 시대였다. 다이묘는 쇼군한데서 영토를 하사받아 지방을 다스린다는 뜻에서는 조선의 관찰사와 같은 '신하'이지만, 이처럼 정기적으로 지방과 '군주'가 사는 수도를 왕복하는 제도는 조선에는 물론 없었다[다만 이렇게 말할 때, 교토(수도)의 천황은 '군주'가 아닌가 하는 곤란한 문제가 있지만 여기서는 다루지 않겠다]. 보통 150명에서 300명, 많을 때는 2,500명을 넘는 대행렬이 에도와 전국의 200개가 넘는 지방 번(藩)들 사이를 매년 왕복했던 것이다.

원래 이 행렬은 전국시대의 흔적이 남아 있는 실전적인 행군 대열을 갖추고 있었지만, 평화가 계속됨에 따라 사람들에게 무력을 과시하기 위한 단순한 상징이라는 의미를 강하게 띠고 있었다. 이러한 행렬을 맞이하는 전국의 마을들은 여러 가지 준비를 하였다. 떨어져 있는 말똥을 치운다든가, 땅을 고른다든가, 추녀 등에 매달아 놓은 짚신을 걷는 것 외에, 밖에서 변소가 보이지 않도록 덮개를 씌우고, 비가 내릴 경우를 대비하여 모래를 준비하는 등등 치밀하게 준비를 하였다. 그리고 일단 행렬이 시작되면 2층에서 구경하는 것은 물론 금지되었으며, 행렬의 선도를 맡은 '세 필의 말[御先三匹馬]'에서 기마로 수행하는 '총적압어횡목(惣跡押御橫目)'까지 그 사이에 있는 길가의 사람들은 조아리는 자세를 계속 취해야만 했다.[48]

그런데 이 다이묘도 정해진 날 외에는 쇼군이 사는 막부정치의 중심지인 에도성에 들어갈 수 없었다. 편평한 상태에서 문이 열리면 곧장 사람들이 들어갈 수 있는 서울의 왕궁과는 달리 에도성은 사방이 수로(水路)로 둘러싸여, 공간적으로 주변과는 격리된 높은 지대에 있었다. 따라서 다이묘는 수로를 연결한 다리를 건너 성 안으로 들어가 몇 개의 문을 허리를 굽혀 지나가면서 비탈길과 돌계단을 올라가는데, 성에 가까워질수록 수행하는 사람들도 제한을 받아 공간상 일단 존엄과 권위를 강하게 띠고 있다. 이러한 에도성의 입체적인 구조는 서론에서 언급한 중국의 황궁과는 완전히 다르며, '신하'에 대해 쇼군의 '위엄[御威光]'을 과시한다는 점에서 절묘한 효과를 연출한 것으로 볼 수 있다.

자주 왕궁 밖으로 외출한 18세기 조선의 국왕과는 달리 도쿠가와 쇼군은 거의 에도성 밖으로 외출하지 않았다. 성밖으로 나간 것은 교토(수도)에 부임한 도쿠가와시대의 초기와 말기를 제외하고, 대개 조상의 묘에 참배한 것이다. 이 점은 앞서 본 조선국왕의 행차가 능묘 참배에 한정되어 있다는 점에서 비슷하다고 해도 좋다. 그러나 쇼군이 행차할 때는 도로에 대한 규제가 다이묘 행렬보다도 더욱 엄했다. 그것은 와타나베(渡邊浩)가 다음과 같이 지적한 데서도 잘 알 수 있다.

그날은 새벽녘부터 도로변의 마을마다 불피우는 것이 금지되고, 사람들은 어두운 실내에서 아침을 먹었다. 도로변의 2층은 창문을 닫고 문에다 종이를 발랐다. 정적으로 뒤덮인 마을과 무사들 집 사이를 장대한 행렬이 물밀 듯이 통과하였다. 통과하는 순간 다이묘 집에서는 다이묘가 길쪽으로 무릎꿇고 엎드렸다. 멀리서 보려고 길가에 나뭇집을 짓고 통행을 막고 있던 자들도 통보를 받자마자 '모두 나무를 치우고 땅에 엎드렸다.'(〈'御威光'と象徵 ― 德川政治體制の一斷面〉)

특히 심했던 경우는 도쿠가와 히데타다(德川秀忠 : 1579~1632, 재직 1605~1623), 이에미츠(家光 : 1604~1651, 재직 1623~1651), 이에쓰나(家綱 : 1641~1680, 재직 1651~1680), 요시무네(吉宗 : 1684~1751, 재직 1716~1745), 이에하루(家治), 이에요시(家慶 : 1793~1853, 재직 1837~1853) 등이 닛코(日光)를 신사참배할 때였다. 이것은 쇼군의 '위엄'을 천하에 나타내는 하나의 거대한 야외 행렬로, 쇼군만 닛코로 가는 것이 아니라, 다이묘도 뒤따르는 거대한 행렬이었다. 다시 와타나베의 설명을 보자.

몇 해에 걸친 준비 끝에 안에이(安永) 5년(1776) 4월, 9일 동안 거행된 이에하루의 참배에서는 고산케(御三家 : 도쿠가와 가문인 尾張·紀伊·水戶의 세 집안을 높여서 이르는 말)를 비롯하여 20명의 다이묘가 따랐으며, 동원된 인부는 23만 명, 잡병 62만 명, 말 35만 마리에 이르렀다. '에도에서 닛코까지 사람과 말로 거대한 공양이 이어졌다'.(위와 같음)

1843년(天保 14) 음력 4월에 있은 이에요시의 참배 규모는 동원된 인부가 14~15만 명으로 이에하루의 참배에는 못 미쳤지만, 그때도 무사시(武藏), 고시가야(越谷 ; 현재 사이타마현 고시가야시) 부근에서는 12일 아침부터 13일 밤까지 행렬이 계속되어 '남녀노소 수만 명'이 길가에서 무릎꿇고 엎드렸다 한다(《新編埼玉縣史通史編 4 近世 2》).

잘 알고 있듯이 당시의 일본 사람들은 각자의 신분과 격식, 직책에 따라 꿇어 엎드리거나[平伏] 땅에 엎드려 절했는데[土下座], 쇼군이란 바로 그 정점에 위치하는, 말 그대로 '구름 위의 존재'였다. 에도성에서 '배알[御目見]'이 허용된 다이묘조차 쇼군을 직접 바라보지 못했다. 따라서 쇼군에게 직접 상소하기란 당연히 불가능하며, 만약 그것을 시도하려면 죽음을 각오해야 함을 뜻했다.

도쿠가와시대의 월소(越訴 : 절차를 밟지 않고 직접 상관에게 호소함)에 대한 기록을 다룬 아오키(靑木虹二) 편, 《편년백성일규사료집성(編年百姓一揆史料集成)》(미완성)에 따르면, 쇼군에 대한 직소는 전기(前期)를 중심으로 그 기록이 애매한 것까지 포함해도 겨우 5건밖에 확인되지 않는다([표 5] 참조).[49] 이 가운데 호소한 백성이 죽음을 면한 경우는 1613년(慶長 18)에 도쿠가와 이에야스가 사냥을 나가는 길에서 무사시쿠니(武藏國)에 사는 백성이 대관의 잘못을 직소하였는데, 그 호소를 인정하여 대관을 파면한 것뿐이다.[50] 그 밖의 경우는 호소가 받아들여지더라도 주모자는 감옥에 갇히거나 사형당했다.

그 가운데 가장 유명한 것은 1652년(承應 원년)에 일어난 시모

[표 5] 도쿠가와시대에 쇼군에게 한 직소

직소 연도	직소자	출신지	직소 내용	쇼군	성패와 처벌	직소자 사망년
1613 (慶長 18)	深津八九郎 관내 백성	武藏	代官 非道	家康	성공, 대관 면직	
같은 해	武藏 근교 백성	武藏	위와 같음	家康	상소 기각 투옥	
불 명	中條右近太夫	遠江	用水 신설	家光	상소 인정 右近太夫 사형	1678 延寶 6
1652 (承應 元)	木內惣五郎	下總	年貢과 運上 (영업세) 부당징수	家綱	상소 인정 惣五郎 磔刑	1653 承應 2
1736 (元文 元)	庄屋弥次右 衛門	攝津	한해로 인한 흉작으로 年 貢 감면	吉宗	상소 인정 弥次五衛門 옥사	1739 元文 4

주：《編年百姓一揆史料集成》

116

사(下總)의 촌장[庄屋], 기우치 소고로(木內惣五郎 : 佐倉宗吾, ?~?)
가 쇼군 이에쓰나(家綱)에게 직소한 사건이다. 사쿠라(佐倉) 영
주 홋타 마사노부(堀田正信 : 1631~1680)의 가혹한 세금 징수로
고통받던 농민들을 구제하고자 소고로는 각 촌의 대표[名主]를
소집하여 협의를 거듭한 뒤 에도의 홋타의 저택[上屋敷]에 탄원
서를 내는 등 팔방으로 손을 썼으나 실패로 끝났다. 그래서 마
침내 쇼군에게 직소하기로 결심하였다. 음력 12월 20일 우에노
도쇼궁(上野東照宮)으로 참배하러 가는 길에 삼매교(三枚橋)에서
머문 이에쓰나 일행에게 다가간 그는 소장(訴狀)을 측근인 호시
나 마사나오(保科正之 : 1611~1672)에게 건네 준 뒤 체포되어 고
향인 고쓰가하라(公津ヶ原 ; 지금의 지바현 나리타시)에서 가족과
함께 교수형을 당했다. 그런데 목숨을 건 소고로의 상소로 사쿠
라영(佐倉領)에서는 농세가 면제되고, 막부에서도 사쿠라 영내
의 백성들을 위해 1석당 2할씩 면제해 주는 등 과거의 악정이
점점 개선되었다고 한다.[51]

　　이 이야기는 사료적인 뒷받침이 없기 때문에 학자들에게는
역사적인 사실로 받아들여지지 않지만,[52] 문제는 그것이 역사적
사실인가 아닌가라기보다는 이러한 이야기가 그 후 많은 민중
들에게 사실로 받아들여져 계속 전해 내려왔다는 점이다. 그들
에겐 소고로라는 존재가 쇼군에게 직소라는 '의거'를 해낸 기적
의 인물로서 실재하고 있으며, 유래가 드문 일을 치렀기 때문에
죽은 뒤에 '종오(宗吾)'라는 호가 부여되고, 출신지인 고쓰(公津)
촌에는 '종오영당(宗吾靈堂)'이 세워져 신으로 추앙받았다.

　　이 일화는 지배자에 대한 상소에 대해 조선과 일본에서 차이

가 있음을 잘 보여주고 있다. 이미 말한 바와 같이, 일본에서는 쇼군에 대한 직소는 거의 없었지만, 막부의 정무를 총괄하던 로주(老中)를 비롯하여 정무의 중심에 있던 자가 가마를 타고 가는 도중에 농민·정인(町人)·승려·하급무사 등이 소장을 제출하는 '가마상소[駕籠訴]'는 에도시대 후기에 이르면 제법 볼 수 있게 되었다.[53] 그러나 당시 일본에서는 사람들의 상소를 직접 수리하고 심리하는 최종적인 기관은 어디까지나 사사(寺社)·정(町)·감정(勘定)의 삼봉행(三奉行 : 봉행소)이지,[54] 로주나 와카도시요리(若年寄)가 그 일을 맡고 있지 않았다. 따라서 예를 들어 봉행소의 판결에 불복하더라도 다른 기관이나 관리에게 상소하는 것이 허용되지 않았으며, '가마상소' 또한 쇼군에 대한 직소와 마찬가지로 막부법을 어기는 비합법적인 상소에 지나지 않았다. '가마상소'를 한 경우에는 상소자가 로주의 집에 일단 감금되었다가 가벼운 형벌(곤장 정도)을 받고, '관계 관청에 탄원하도록' 명령을 받은 다음 문 밖으로 내쫓겼다. 그럴 경우 소장도 모두 반려되어 결국 로주나 와카도시요리에서는 수리되지 않았던 것이다.[55]

쇼군 요시무네가 직소를 대체하여 합법적인 하의상달을 위한 수단으로 1722년 에도의 평정소(平定所) 문 앞에 '메야스바코(目安箱)'를 설치하였다. 그런데 상소할 수 있는 내용이 정치와 관련하여 유익하다고 인정되는 의견과 관리의 부정과 비리 등으로 엄격히 제한되었으며, 만일 이를 어겼을 경우에는 엄한 벌을 받았다. 상자의 열쇠는 쇼군만 가지고 있었는데, 실제로 그것을 열어 제대로 본 것은 요시무네와 이에나리(家齊 : 1773~1841, 재직 1787~1837)뿐이었다는 말까지 있을 정도로[56] 역대의 쇼군들이 메야스바코를 과연 활용했는지는 매우 의문이다.

그렇다면 조선왕조와 도쿠가와 일본의 이러한 차이는 도대체 어디에서 나온 것인가? 이미 설명했듯이 조선에서는 높은 수준의 중앙집권적인 정치사회 아래에서 국왕이 최종적인 권력(구체적으로 말하면 재판권)을 가지고 있었다. 그런데 상대적으로 지방의 자립적인 권력을 인정했던 일본의 막번체제에서 도쿠가와 쇼군이 가진 정치적 권한은 조선보다 적었는데도, 그 권위는 조선 국왕보다 크고 절대적이었다는 것도 하나의 원인일 것이다. 또한 조선왕조는 종족의 결속이 강한 반면, 그 밖의 영역에서는 사회의 조직화가 진전되지 못해 국왕과 개인을 매개하는 유력한 중간조직이 육성되지 못했기 때문에 직소를 인정하기 쉬운 환경에 있었다. 그러나 도쿠가와의 일본에서는 〈'역(役)'의 체계인 사회조직〉(尾藤正英,《江戸時代とは何か》)이 발달하여, 개인이 각자의 조직 속에서 직분을 다하는 것으로 사회가 성립하고 있다고 생각하였기 때문에, 예를 들어 조직 안에서 문제가 일어나더라도 그것을 밖으로 드러내 놓지 않고 '안에서 처리해서' 해결하려는 관습이 뿌리깊었다는 것도 차이가 나는 배경으로 생각할 수 있다.

그러나 사상적으로 볼 때, 가장 큰 이유는 무가정권(武家政權)으로 시작한 도쿠가와의 일본에서는 조선(또는 중국)과 달리, 유교가 체제 이데올로기로서 정착하지 못했다는 점이다. 조선왕조가 고려왕조를 무너뜨리고 자신들의 지배를 유교의 민본사상으로 정당화시킬 수밖에 없었던 것과는 달리, 애초부터 전쟁의 마무리 단계에서 공공연한 폭력으로 성립한 도쿠가와의 일본에서는 그러한 이론적인 정통성을 추구할 필요가 없었던 것이다.[57]

물론 쇼군 가운데서도 도쿠가와 쓰나요시(德川綱吉)와 이에노부(家宣 : 1662~1712, 재직 1709~1712)는 유학을 좋아했던 인물로 알려져 있다. 이에노부에게 등용되어 정치고문이 된 아라이 하쿠세키(新井白石 : 1657~1725)처럼 공정하고 신속한 재판에 관심을 기울이거나 막부가 지방정치를 시찰하기 위해 쇼군의 대리인으로 각 지역[國]에 파견한 순견사에 대해 사람들이 직소할 수 있는 길을 여는 등 유교의 덕치주의와 민본사상을 적극적으로 표현하려 했던 인물도 있다.[58] 그러나 그것은 어디까지나 일시적인 조치로 끝났다. 아라이 하쿠세키는 그렇다 치더라도 쓰나요시와 이에노부의 유교 소양이 영조와 정조에 못지 않았다고 한 것은 받아들이기 힘들다.

도쿠가와시대 후기가 되면 교육기관인 번교(藩校)와 일종의 서당인 데라코야(寺子屋)가 증가하여 유교 교육이 침투한 결과, 유교에 대한 사람들의 관심이 높아졌다고 한다. 사숙(私塾)도 증가하여 유교가 지방으로 보급된 것도 확실하다.[59] 막말에 광범위하게 일어난 존왕양이(尊王攘夷) 운동은 이런 사실을 고려하지 않으면 이해할 수 없을 것이다. 그러나 유교 교육이 대상으로 삼았던 것은 일반적으로 기껏해야 '오륜오상(五倫五常)'과 같은, 일상생활에서 지켜야 할 윤리와 도덕 범주에 한정되어, 반드시 '치국평천하(治國平天下)'의 학문으로 인식된 것은 아니었다.

이런 점에서 조선왕조처럼 도쿠가와 일본의 지배 이데올로기들 유교라고 규정하는 것은 옳지 않다. 애당초 도쿠가와 일본의 유교라는 것은 실제로는 제천(祭天)과 조상에 대한 제사와 같은 의례는 물론, 중국과 조선에서 시행되었던 과거나 경연(經筵) 같은 시험이나 학습제도도 없는 것이었다. 또한 일본에서는 무사가 '관료기구'를 맡고 있었기에 문관을 주체로 하는 조선의 양반관료와는 당연히 다른 것이었다.[60] 아라이 하쿠세키와 같은 예외가 있긴 하나, 총체적으로 볼 때 지배관념에는 유교적인 인정(仁政)의 이념이나 민본사상보다는 오히려 무력의 위세를 동반한 상하의 구분과 질서를 강조하는 다이묘와 무사의 즉자적인 통념쪽이 확실하게 자리잡고 있었던 것이다.[61]

따라서 도쿠가와 일본에서는, 위로는 쇼군에서 아래는 일반 백성에 이르기까지 앞서 본 상위자(上位者)에 대한 무조건적인 복종[奉公]과 그것을 위반하려는 하위자에 대한 한없는 억압이 일관되게 유지된 체계를 이루었던 것이다. 붕당정치의 폐해로 18세기에 이르러 일단 붕괴하기 시작한 조선왕조와는 달리, 도쿠가와시대가 계속 고도의 평화와 안정을 누렸던 하나의 이유를 이러한 '권력의 편중'(福澤諭吉)에서 찾을 수 있을 것이다.

그런데 한편으로는 이러한 '권력의 편중'이 고정화되어, 훗날 "일본은 크고 작은 수천 수백 개의 저울이 있어 그 저울이 모두 하나같이 한쪽으로 기울어 평형을 잃은 사회와 같다. 또한 삼각뿔의 결정체를 깨뜨려 천 조각 만 조각으로 작게 나누더라도 그 조각은 여전히 삼각뿔의 본질을 잃지 않거나 또는 이 조각을 모아 큰 조각을 만들고 또 합쳐 덩어리로 만들더라도 그 물체는 여전히 삼각뿔의 형태를 갖고 있는 것과 같다"(福澤諭吉, 〈文明論之

槪略〉)고 격렬하게 비판받은 것처럼 사회적 폐쇄상황을 만들어 내게 되었다. 도쿠가와시대 후기에 이르면 지식인들은 이러한 폐쇄상황을 예민하게 인식하게 된다. 그것은 유학자냐 국학자냐, 중앙에 사느냐 지방에 사느냐를 가릴 필요가 없었다. 대표적으로 오규 소라이(荻生徂徠 : 1666~1728), 모토오리 노리나가(本居宣長 : 1730~1801), 부요의 은사(武陽隱士 : 익명, ?~?), 히로세 탄소(廣瀨淡窓 : 1782~1856)의 저작에서 각각 인용해 보자.

요즘 세상에는 어떤 일에 대해 이치를 따지는 것 자체가 어렵다. 이 또한 사람들이 자신의 생각을 겉으로 드러내려 하지 않기 때문에 생기는 악폐이다. 보통 신분이 낮은 사람이 윗사람에게 어떤 말을 하려고 해도, 말하고 싶은 것이 열 있으면 겨우 하나나 둘밖에는 말하지 못한다. …… 최근에는 로주(老中), 와카로주(若老中)나 반도(番頭)조차 아랫사람이 하는 이야기를 듣고 일리 있는 말이라고 생각해도 안색을 붉히며 차갑게 대하는 경우가 많다. 말하는 사람이 뜻이 강하여 누를 수 없을 때는 꾀를 내어 다른 방법을 동원해서라도 억눌러 버려 밑에서는 아무 말도 할 수 없게 하려 한다. 이 때문에 신분이 낮은 사람들은 '그저 입다물고 있는 것이 좋아. 윗사람의 심기를 거스르지 않도록 조심하는 게 상책이야' 하고 포기하고 마는 경우가 대부분이다. 이러한 풍조는 이미 널리 퍼져 신분이 높은 사람에게 무조건 아첨하는 습관이 세상에 만연해 있다.(荻生徂徠, 《政談》, 1727)

상하 신분의 격차가 심해져 낮은 신분의 실상이 위로 전해지지 않고 알기조차 어렵게 되었다는 사실은 전부터 누구나 알고 있었지만, 최근에는 특히 다이묘의 신분이 특별히 강화되어 더욱더 그 폐

해가 심해지고 있다. 설사 다이묘가 이러한 문제를 깨닫고 낮은 신분의 실상을 알아보려 하여도 상세히 알아볼 수단이 없다. 다이묘 앞에 나아가 말할 수 있는 사람들이라 해도 그저 두려워서 떨 뿐 자세한 내용까지 다이묘에게 전하기 어려우며, 말하는 것 자체에도 어려움을 느낄 정도이다. 다이묘의 기분을 상하지 않게 하기 위해 실언하지 않도록 그저 무난하게 말하고, 낮은 신분에 대해서는 그저 괜찮은 것처럼, 백성들이 고마움을 느끼고 있는 모습만을 말하며, 조금이라도 나쁜 일에 대해 말하는 사람은 없다.(本居宣長,《秘本玉〈しげ》, 1787)

불쌍한 일이지만, 조그마한 영지의 백성이나 영주로부터 멀리 떨어진 변경의 백성은 무도한 일을 당해도 영구히 그 무실(無實)을 밝히지 못하고 평생 그저 참고 참는 나날을 보낸다. 정말 불쌍하지 않은가. 에도에서 멀리 떨어진 나라에서는 재판 이외의 제도가 없어 비록 재판이 완전히 잘못되었다 하더라도 그 잘못을 바로잡을 수단이 없고, 국주(國主) 영주(領主)에게 소장을 내어도 막부에 제출되지 않으며, 가끔 제출되었다 하더라도 에도까지 가는 것이 쉽지 않다. 만일 에도까지 가려면 부모나 처자를 남겨둔 채 집을 나와야 했다. 재판을 위해 에도까지 나오면 비용이 막대하게 들어 결국 전재산을 잃는다.(武陽隱士,《世事見聞錄》, 1816)

요즘의 풍속을 보면 태평시대가 계속됨으로써 높은 신분의 사람들은 점점 부유해져 아랫사람들의 상태를 알지 못하게 되고, 낮은 신분의 사람들은 윗사람들을 점점 더 두려워하고 경원(敬遠)시하는 심리상태가 되었기 때문에 위아래의 사이가 날로 벌어지게 되었다. 이는 바로 태평한 시대가 계속됨으로써 생긴 폐해로, 세상이 쇠퇴하기 시작하고 있다는 조짐이다. 오늘날에는 신하가 주군을 만날

때도 시종 고개를 조아려 잠깐이라도 주군의 얼굴을 볼 수가 없고, 주군도 또한 신하의 얼굴을 볼 수 없다. 마미에(目見 : 배알)라는 것은 유명무실하다. 말하는 것도 격식이 있어, 신분이 낮은 사람에게는 말을 건네지 않는다. 주군이 말을 건넨다 하더라도 신하쪽에서 대답을 하지 못한다.(廣瀨淡窓,《迂言》, 1840)

표현 방법에 미묘한 차이는 있지만, 이 네 가지 기술은 막번체제 아래서 사회적 폐쇄상황이 18세기 전반의 교호(亨保) 연간에서 19세기 전반의 텐포(天保) 연간까지 100년 이상에 걸쳐 기본적으로 변하지 않았다는 것을 보여주고 있다. "세간에는 오직 아첨만 있을 뿐이다(신분이 높은 사람에게 아첨하는 관습이 세상에 만연하고 있다 — 徂徠)", "근대는 …… 이 폐해가 더욱 심하다(신분이 높은 사람이 낮은 사람의 생활을 알지 못하는 폐해가 최근에는 특히 더하고 있다 — 宣長)", "백성은 …… 평생 참으면서 세월을 보낼 뿐이다(백성은 예를 들어 옳지 못한 일을 보면서도 끝내 그 허물을 지적하지 못하고, 평생을 참고 또 참으면서 보낸다 — 武陽隱士)", "그간 시간이 지날수록 멀어진 것이 이와 같이 되었다(오랫동안 천하가 태평하여 신분의 격차가 나날이 커져, 아랫사람은 점점 윗사람을 경원하게 되었다 — 淡窓)"라는 각각의 표현 속에 이른바 섬긴다는 관념이 확대되고 있는 시대의 한 단면을 볼 수 있을 것이다.

그런데 도요아토 히타(豊後日田 ; 현 오이타현 히타시)에 살고 있던 히로세가 텐포 연간에 '태평의 잘못된 풍속'을 예리하게 인식하고 "쇠퇴와 혼란이 닥칠 것"을 막연하게 예감한 것은 결코 틀리지 않았다. 이 폐쇄상황은 바로 1853년의 흑선(黑船) 내항(來航)과 그에 따른 개국이라는 '비상사태'로 인해 갑작스런 전환기를 맞이하였다. 외압(外壓)의 힘에 준비가 없었던 막부는 '쇠퇴와 혼란'을 멈추기 위한 새로운 사상을 필요로 하게 되었다. 이른바 '언로동개(言路洞開 : 아랫사람이 윗사람에게 진언하는 길을 여는 것)'라는 사상이 그것이다.

정확하게 말하면, 이런 정책은 도쿠가와 초기에도 있었다. 도쿠가와 이에야스의 측근이었던 혼다 마사노부(本多正信 : 1535~1616)가 지은 것으로 알려진 《치국가근원(治國家根元)》(지은 해 불명)에는 국가를 통치하기 위한 중요 정책 가운데 하나로 '언로를 여는 일'이 적혀 있다. 그런 뜻에서 반드시 '새로운 사상'이라 할 수 없고, 오히려 전통적인 발상이라고 할 수 있다. 그러나 그것이 현실 정책에 반영된 것은 이때가 처음이었다.

즉, 당시 로주(老中)였던 아베 마사히로(阿部正弘 : 1819~1857)는 페리의 개국 요구를 '실로 국가의 대사'라 판단하고 '거리낌이 있는 일이라도' '마음 속 밑바닥에 있는 것을 하나도 남기지 말고, 바라는 바를 충분히' 진술하도록 각 번의 다이묘에 명령했다. 이로써 전국의 다이묘가 처음으로 국가 차원의 정책 결정에 참가할 수 있게 된 것이다. 그런 뜻에서는 분명 '언로동개'의 첫걸음이었다. 그러나 그것은 동시에 태평시대에 익숙해 위기관리 능력이 부족한 막부와 다이묘의 정치감각을 백일하에 드러내 놓는 결과를 만들고 말았다. 곧이어 '언로동개'의 담당자가, 다이묘에서 혈기왕성한 하급무사에게까지 확대되었으며, 또 막부를 대체하는 새로운 통치 주체로서 왕이 떠오르게 된 것도 바로 이 때문이었다.

　예를 들면, 요시다 쇼인(吉田松陰)의 마쓰시타무라주크(松下村
塾)에서 공부한 구사카 겐즈이(久坂玄瑞 : 1840~1864)는 막부의
'인순(因循)'을 배제하고 왕을 뜻하는 '상(上)'과 하급무사를 뜻하
는 '하(下)'를 직접 연결하기 위한 '언로동개'를 주장하였다. 또
마키 이즈미(眞木和泉 : 1813~1864)는 "언로를 열어 공경사부(公
卿士夫)는 물론, 농부와 야인(野人)에 이르기까지 생각하는 바를
충분히 드러내어, 조금도 꺼려 하는 마음이 없도록 해서 들어주
시는 길 외에 다른 방책이 없다. 들어주시면 위로는 이익이 미
칠 것이며, 밑에서도 생각하는 바를 드러내면 답답하게 맺혔던
기운이 저절로 풀리게 될 것"(《經緯愚說》)이라고 말하면서, 더
불어 당시의 쇼군을 대신하여 왕을 '정실통달(情實通達)'한 존재
로 상정함으로써 막번체제의 억압과 복종의 끝없는 연쇄작용을
끊고, 그것을 왕에 대한 충성행위로 일체화시키려 하였다.[62]

　결국 구사카나 마키와 같은 존왕양이파들은 '언로동개'를 글
머리에서 말한 요시다 쇼인 등의 '일군만민'과 결합시킴으로써
막부 타도로 향하는 거대한 에너지를 방출할 수 있었던 것이다.
그리고 그들이 주장한 '언로동개' '하정상달'은 곧바로 신분을
뛰어넘은 수평적인 '공론'을 뜻하는 '공의여론(公議輿論)' 사상으
로 발전하여, 뒤이어 일어난 유신변혁에도 적지 않은 영향을 끼
치게 된다.

주 ————————

1) 서울이라는 말은 신라시대부터 '수도'를 뜻하는 고유어로 사용되었다. 조선시대의 서울은 정식으로 '한성부(漢城府)'로 불리는 것 외에 '한양(漢陽)' '경도(京都)' 등으로 불리었으나, 서울이라는 말도 널리 사용되었기 때문에 여기서는 이름을 '서울'로 통일하고자 한다.

2) 최이돈, 〈조선초기 수령고소 관행의 형성과정〉(《한국사연구》 82, 1993), 72쪽을 참조.

3) 김기춘, 《조선시대형전》, 51쪽.

4) 최이돈, 앞의 글, 73쪽.

5) 최승희, 〈세종조 정치지배층의 대민의식과 대민정치〉(《진단학보》 76, 1993), 42~44쪽 참조.

6) 최이돈, 앞의 글, 79~86쪽 참조.

7) 위의 글, 103쪽. 또 같은 글 104쪽에 따르면 1466년(세조 11)에도 서울 광화문 앞에 모인 사람들 가운데서 뽑힌 사람에 한해 호소 내용을 직접 국왕에게 전달하는 직소 방식이 부활되었으나, 2년 후에 폐지되었다.

8) 조선총독부 중추원 조사과 편, 《이조법전고》(조선총독부 중추원, 1936), 49쪽.

9) 최이돈, 앞의 글, 99~108쪽 참조.

10) 한상권, 〈조선시대 면소제도의 발달과정〉(《한국학보》 73, 1993), 73쪽. 이 논문에 따르면 격쟁이 신문고를 대신하여 직소 수단으로 나타난 정확한 시기는 확실하지 않다.

11) 위의 글, 70쪽.

12) 한상권, 〈조선후기 사회문제와 면소제도의 발달〉(서울대 박사학위 논문, 1993), 40~41쪽 참조.

13) 앞의 정만조 논문은 붕당정치를 대신하여 사림정치라는 개념을 사용할 것을 주장하고 있다. 그러나 이 글에서는 복수의 붕당이 성립하는 시점에서 사림정치가 붕당정치로 변했다는 견해를 취하고 있다.

14) 상세한 내용은 이태진, 〈사림파의 유향소복립운동(상)〉(《진단학보》 34, 1972)을 참조.

15) 권연웅, 〈조선 영조대의 경연〉(《동아연구》 17, 1989), 369쪽에 따르면, 처음에 성종은 하루에 3회(아침, 낮, 저녁) 경연을 열었다. 이 습관은 재위 7년째인 성년이 된 해부터 죽을 때까지 17년 동안 계속되었다. 이 밖에도 야대(夜對)라 하여 밤에도 경사(經史)를 강독하였다.

16) 이태진, 《조선유교사회사론》(지식산업사, 1989), 170쪽.

17) 宮嶋博史, 〈朝鮮社會と儒敎〉(《思想》 750, 1986), 65쪽.

18) 이 점에 대해 자세한 내용은 이태진, 〈사림파의 향약보급운동〉(《한국문화》 4, 1983)을 참조.

19) 이태진, 앞의 책, 183~184쪽.

20) 이태진, 〈조선왕조의 유교정치와 왕권〉, 226쪽.

21) 이 반란에 대해서는 Haboush, *A Heritage of Kings*(New York : Columbia University Press, 1988), 136~142쪽을 참조.

22) 물론 영조 이전에 도성 밖 행차가 없었다는 것을 뜻하지는 않는다. 예를 들어 세종은 매년 봄과 가을에 강무(講武)라는 군사훈련을 겸한 사냥을 강원도와 경기도에서 개최하는 것을 정례화하는 것과 세종 24년, 25년, 31년에는 각각 강원도 평강과 충청도 온양에서 온천탕치(溫泉湯治)를 하였다. 이 점에 대해서는 최승희, 앞의 글, 24, 31~32쪽을 참조.

23) 이 행차는 온천에서의 탕치(湯治)를 형식적인 목적으로 하고 있다는 점에서 다른 행차와는 목적을 달리하고 있다.

24) Haboush, 앞의 책, 11쪽을 참조.

25) 최승희, 앞의 글, 25쪽.

26) 권연웅, 앞의 글, 375~376쪽.

27) 이 해석은 당시 조선에서 정통적인 해석으로 인정받던 《大學章句》의 주석에 따른 것이다.

28) 권연웅, 앞의 글, 372쪽.

29) Haboush, 앞의 책, 11쪽에서 번역. 그런데 당시 상황을 묘사한 기록으로는 《영조실록》 영조 52년 1월 신사조(辛巳條)에 "전하께서 연화문에 납시어 서울에 사는 백성들을 불러 모아 상인의 생활 형편을 물으셨다. 사람들은 모두 생활에 불편이 없다라고 말하면서 전하에게 박

수를 보냈다"라는 기사가 있다.

30) 이태진,《왕조의 유산》(지식산업사, 1994), 113~116쪽.

31) 이태진,〈정조〉(《한국사시민강좌》13, 1993), 68~69쪽.

32) 한국에서는, 식민지시대는 물론 조선시대도 포함해서 역사용어로써 '조선'이라는 말을 쓰는 경우가 많다. 따라서 '조선사'도 '한국사'로 쓰는 경우가 통상적이다.

33) 이태진,〈정조〉, 72쪽.

34) 한상권, 앞의 박사학위논문, 125쪽.

35) 위의 글, 131~132쪽.

36) 정조는 노비제도를 전면적으로 폐지하려는 구상을 가지고 있었으나, 갑작스런 그의 죽음으로 실현되지 못했다. 이 점에 대해서는 이태진,〈정조〉, 78~82쪽을 참조.

37) 한상권, 앞의 박사학위논문, 138쪽에 따르면, 정조시대에 일어난 상언과 격쟁 가운데 생활고에 관한 상언과 격쟁이 각각 345건, 310건으로 확인되고 있다. 이 밖의 내용으로는 가족과 선조의 면죄를 청하는 소(이를 '伸冤'이라 한다. 앞에서 서술했듯이 전통적으로는 이것이 가장 많았다), 풍수에 비추어 묘자리를 정하거나 개정하기 위한 소(이를 '顯揚'이라 한다), 양자와 후계자를 세우기 위한 소(이를 '立後'라 한다) 등이 있었다.

38) 위의 글, 218~230쪽.

39)《列聖御製》(明文堂, 1983), 240~242쪽.

40) 김문식,〈尙書講義를 중심으로 본 정조의 경학사상〉(《한국사연구》75, 1991), 139~140쪽.

41)〈萬川明月主人翁自序〉에 대해서는 이태진,〈정조의 '大學' 탐구와 새로운 군주론〉(《대동문화연구총서 Ⅺ 李晦齋의 사상과 그 세계》, 성균관대학교 대동문화연구소, 1990), 241~250쪽을 참조.

42) 원재연,〈정조대 천주교회와 교리서의 저술〉(《한국사론》31, 1994), 170~180쪽을 참조.

43) 조광,《조선후기천주교사연구》(고려대학교 민족문화연구소, 1988), 214쪽을 참조.

44) 달레,《한국천주교회사》상(분도출판사, 1979), 426쪽을 참조.

45) 이처럼 천주교와 유교가 대립하는 사상이 아니라고 보는 견해는 19

세기 천주교 탄압으로 순교한 신자들 가운데서도 보인다. 정약종의 둘째 아들인 정하상(丁夏祥)은 1839년에 순교할 때 〈재상께 올리는 글(上宰相書)〉이라 이름 붙인 천주교 옹호론을 썼는데, 여기서 다음과 같이 말하고 있다. "우리 나라 사람들은 이것(성경을 말한다 — 저자)의 문자나 적어도 중국의 경전에서 찾을 수 없다는 것을 들어 이를 의심한다. 중국의 경전에서도 말하고 있지 않은가. 《주역》에 이르길 '상제에게 드린다', 《시경》에 이르길 '상제에게 만사를 고한다', 《서경》에 이르길 '상제를 받들어 모신다', 공자[夫子] 말하길 '하늘에 죄를 지으면 빌 곳이 없다'라고 했다. 이른바 경천(敬天), 외천(畏天), 순천(順天), 봉천(奉天)이라는 말로 제자백가의 글에서 나왔다. 이것이 서양에는 없다고 왜 걱정하는가" "아비도 없고, 군주도 없다는 말은 성경의 가르침을 모르기 때문이다. 십계의 네 번째에 부모에게 공경하고 효도해야 한다는 것이 있다. 무릇 충효 두 글자는 만대불변의 도리이다. …… 임금에게 충성하여, 몸을 던져 명을 받들어 끓는 물에 들어가거나 불을 밟는 일이라도 감히 피하지 않는 것이다. 이처럼 하지 못한다는 것은 곧 교의 가르침에 어긋나는 것이다." 浦川和三郞, 《朝鮮殉敎史》(全國書房, 1944), 801, 807쪽을 참조.

46) 달레, 앞의 책, 426쪽에서 번역.

47) 좀더 엄밀하게 말하면, 당시 갈 때와 올 때의 경로가 다른 것으로 보인다. 돌아올 때는 안동과 경주를 거치지 않고, 대신에 밀양과 대구를 통하고 있다. 이 점에 대해서는 지도를 참조.

48) 忠田敏男, 《參勤交代道中記》(平凡社, 1993), 195~196쪽.

49) 靑木虹二 編, 《編年百姓一揆史料集成》 第1卷(三一書房, 1979), 64, 245~246, 471~472쪽 ; 第3卷 256쪽.

50) 위의 책, 第1卷, 256쪽.

51) 長田午狂, 《實說佐倉宗吾傳》(宗吾靈堂, 1967), 11~12쪽을 참조.

52) 橫山十四男, 《義民傳承の硏究》(三一書房, 1985), 111~112쪽을 참조.

53) 靑木虹二 編, 앞의 책, 제6권(1980)~제7권(1993)에 따르면, 1786(天明 6)년부터 1852(嘉永 5)년까지 일어난 다이로(大老)와 로주(老中) 등에 대한 가롱소(駕籠訴)의 건수는 전부 47건이다. 가에이(嘉永) 이후에 대해서는 간행되지 못했기 때문에 알지 못한다.

54) 大平祐一, 〈近世の非合法的'訴訟'(2)〉(《立命館法學》 194號, 1987),

510쪽을 참조

55) 위의 글, 521~522쪽과 大平祐一, 〈近世の非合法的'訴訟'(1)〉(《立命館法學》183·184 合倂號, 1985)를 참조.

56) 石井良助, 《新編江戶時代漫筆》下(朝日新聞社, 1979), 60쪽.

57) 渡邊浩, 앞의 글, 133쪽을 참조.

58) 水林彪, 《日本通史Ⅱ 近世封建制の再編と日本的社會の確立》(山川出版社, 1987), 337쪽.

59) 辻本雅史, 《近世敎育思想史の硏究 ─ 日本における'公敎育'の傳統》(思文閣出版, 1990), Ⅴ.

60) 黑住眞, 〈德川前期儒敎の性格〉(《思想》792號, 1990), 104~105쪽. 더구나 구로즈미는 도쿠가와 일본에서는 유교가 없었다고 주장한다.

61) 渡邊浩, 《近世日本社會と宋學》(東京大學出版會, 1985), 69, 71쪽을 참조.

62) 松本三之介, 《天皇制國家の政治思想》(未來社, 1969), 79쪽을 참조.

제2부

19세기의 조선과 일본

1. '민란'의 19세기

— 군권의 쇠퇴

　　1800년(정조 24) 음력 6월, '일군만민'의 이상을 내걸고 스스로 중국 고대의 성인처럼 되려 했던 정조가 49세로 세상을 떴다. 앞서 말했듯이 갑작스런 그의 죽음은 등 뒤에 난 종창이 악화된 것이 직접적인 원인이었다. 그러나 정조의 죽음이 그를 본받던 사람들에게 얼마나 큰 충격을 가져다 주었는가는 그들 사이에 다음과 같은 풍문이 퍼진 것에서도 잘 알 수 있다. 즉 정조는 병으로 죽은 것이 아니라, 실은 정조의 탁월한 지도력 때문에 소외되었던 노론이 정조를 독살했다는 풍설이다.

　　특히 이러한 풍설에 민감하게 반응한 영남지방에서는 정조가 죽은 직후부터 불온한 공기가 떠돌기 시작하였다. 《순조실록》 순조 즉위년 8월 기묘조에

　　경상감사 김이영(金履永)이 인동(仁同)부사 이갑회(李甲會)를 본부로 보내 장시경(張時景)·시욱(時昱)·시고(時皐)·현경(玄慶) 등이 모여 반란을 꾀하고 있음을 비밀리에 전했다.

라는 내용은 바로 그러한 분위기를 반영한 것이었다.[1] 남인계의 장시경 등이 모의한 반란은 사전에 발각되었기 때문에 큰일로 터지지는 않았다. 그러나 영남지방에서는 그 후에도 정조 독살과 얽힌 이야기가 전해져 내려와,[2] 뒤에 서술하는 '민란'을 불러 일으키는 중요한 원인이 되었다.

정조의 왕릉은 '건릉(健陵)'이라 이름을 붙여, 그의 아버지가 묻혀 있을 뿐 아니라 자신이 제2의 도읍으로 여겼던 화성 교외에 마련되었다. 정조를 이어 즉위한 순조는 정조의 둘째 아들이지만, 즉위할 당시의 나이 겨우 열한 살이었기 때문에, 영조의 계비(繼妃)인 대왕대비 김씨(貞純王后 : 1745~1805)가 사실상 국왕이 되어 '수렴정치(垂簾政治)'를 시작하였다. 이로써 대왕대비의 권력에 의지하고 있던 노론 벽파는 세력을 크게 회복함과 동시에 1801년(순조 원년)에는 정조로 인해 통제받고 있던 그들의 주장을 일거에 실현하게 되었다. 조선왕조 최초의 대규모 천주교 탄압사건인 '신유박해(辛酉迫害)'가 그것이다.

중국에서 은밀히 조선에 들어와 선교활동을 벌이고 있던 중국인 신부 주문모(周文謨 : 1752~1801)를 비롯하여 이가환(李家煥)·권철신(權哲身)·정약종(丁若鍾) 등 남인계의 주요 관료가 이 사건으로 처형되었으며 후술하는 정약용(丁若鏞)도 유배되었다. 노론 벽파는 천주교를 탄압한다는 명분 아래 그들에게 최대의 정적이자 정조의 친위세력이기도 했던 남인계 관료를 제거하려 했으며, 실제로 그 목적은 훌륭하게 달성된 셈이었다.

이어 1804년(순조 4)에는 딸을 순조의 비(妃)로 삼아 외척이 된 노론계의 김조순(金祖淳 : 1765~1831)이 정권을 장악하였다.

이후 순조시대는 물론, 순조에 이어 여덟 살에 즉위한 헌종과 열아홉 살에 즉위한 철종시대에도 국왕이 어리고 병약한 것을 이용하여 경상도 안동을 본관으로 하는 안동김씨와 경기도 양주군 풍양을 본관으로 하는 풍양조씨 일족이 요직을 독점하게 되었다. 이러한 세도정치는 앞 장에서 서술했듯이 홍국영에게 정치를 위임했던 정조 초기에도 있었지만, 이때에 본격적으로 시작되었다고 해도 좋다. 이에 따라 다시 군권에 대한 신권의 우위가 확립되고, 이후 조선에서는 군권의 쇠퇴와 문벌세력에 의한 정권의 사물화(私物化)가 전개된 것이다.

이러한 시대 변화를 잘 상징하고 있는 것은 앞서 설명한 규장각이다. 규장각은 정조의 정치운영을 뒷받침하는 중심적인 기구였다. 그런데 순조시대가 되자 국왕 측근으로서 누리고 있던 규장각 신하의 특권이 모두 박탈되어 정책입안 기관과 관료 엘리트 양성기관이라는 역할을 수행하는 것이 힘들게 되었다. 그 결과 규장각은 정치적 기능을 잃고, 역대 국왕의 어진과 어제 따위를 보관하는 기능과 왕실도서관이라는 기능만 갖게 되었다. 그 후 고종시대에 이르러 규장각의 기능은 점점 더 줄어들어 완전히 왕실도서관으로 개편되었다. 이런 상황은 군권이 다시 강화되는 19세기 말까지 기본적으로 변하지 않았다.[3]

그렇지만 이것이 영조와 정조가 남긴 정치운영을 모두 폐기시켰다는 것을 뜻하지는 않는다. 순조·헌종·철종 때에도 능묘 참배를 목적으로 한 임금의 행차는 계속되었다. 순조는 재위 34년 동안에 47회, 헌종은 재위 15년 동안에 21회, 철종은 재위 14년 동안에 29회의 행차를 하였다.[4] 즉 19세기에 들어서도 왕들은 평균 1년에 한 번 이상 성 밖으로 나갔던 것이다. 이 가운데 순조는 정조의 능이 화성에 있기 때문에 정조와 마찬가지로 건릉과 현릉원에 대한 참배를 겸해 화성행궁(華城行宮 : 행궁이란 임금이 거동할 때 묵는 곳을 말한다)으로 자주 행차하였다. 또한 헌종은 부친인 효명세자(孝明世子 : 翼宗, 1809~1830)를 모신 수릉(綏陵 ; 경기도 양주군, 현 구리시)에 자주 참배하러 갔으며, 철종은 순조와 순조의 왕비를 모신 인릉(仁陵 ; 경기도 광주군, 현 서울시 강남구)과 헌종과 헌종의 왕비를 모신 경릉(景陵 ; 경기도 양주군, 현 구리시)에 자주 행차하였다.

이처럼 임금의 행차가 계속됨에 따라 길가에서 상언이나 격쟁도 계속 일어나고 있었다. 그러나 정조시대와 비교해 볼 때, 그 차이 또한 분명하였다. 우선 말할 수 있는 것은 상언이나 격쟁을 대체할 만한 소원제도(구체적으로 말하면 근대적인 재판제도)가 새로 도입되지 않은 가운데 그 수가 전체적으로 크게 줄어들고 있었다는 점이다. 가장 많았던 순조시대조차 확인된 건수를 합치면 24건에 지나지 않는다는 것을 보아도 알 수 있다.[5]

그 이유는 이 시기에 즉위한 국왕이 어리고 병약해서 영조와 정조만큼의 지도력을 갖지 못했기 때문이며, 또한 가령 사람들이 상언이나 격쟁을 시도하더라도 김씨정권이 중간에서 구체적인 내용에 대해 제한을 두고 있었기에 사실상 배제하려고 했던 것도 들 수 있다. 구체적으로 말하면, 순조를 대신하여 효명세자가 정권을 맡고 있던 1827년(순조 27) 음력 3월, 효명세자는 국왕의 측근인 승정원 승지를 불러 다음과 같이 말하고 있다. 《순조실록》에서 인용해 보자.

징을 쳐서 사정을 호소한 것과 상언한 것 가운데서 시행할 수 없는 것은 그냥 두고, 마땅히 상주하여 처리해야 할 것은 담당관리가 자세히 살펴보고 구별하여 아뢰게 하였는데, 이것은 모두 열람한 것이니 경들은 다만 그 요지만을 들어 아뢰면 마땅히 처리하겠다.

이 효명세자의 발언은 안동김씨가 제안한 것으로 생각된다. 그런데 이는 벌써부터 상언과 격쟁이 모두 형조에서 국왕에게 올라가는 것이 아니라, 그 이전에 승정원의 판단에 따라 미리 국왕의 재가를 필요로 하는 것과 그렇지 않은 것을 나누어 후자를 제외시키고 있다는 사실을 말하고 있다.

또한 1858년(철종 9) 음력 8월에는 '경외동가시격쟁소원식(京外動駕時擊錚訴寃式)'이 개정되어 다음과 같은 규정이 만들어졌다. 일본 조선총독부가 《일성록》과 《승정원일기》 등을 사료로 삼아 편찬한 《조선사》 제6편 3권에서 인용해 보자.

자손은 조상을, 아내는 남편을, 아우는 형을, 노비는 주인을 위하는 네 가지 경우[四件事] 외에 야비한 뜻을 가지고 방자하게 상언·격쟁하는 자는 엄벌에 처하고, 그 상소는 심리하지 않도록 한다.[6]

여기서는 숙종시대에 정해진 '네 가지 경우'가 부활되고 그 밖의 탄원은 인정하지 않음을 알 수 있다. 이로 인해 정조시대에 들어 인정되었던 백성의 고통과 관련한 상언·격쟁은 '야비한 뜻'에 포함됨으로써 사실상 다시 금지된 것이었다.[7]

이어 1861년(철종 12) 음력 3월에는 육상궁 대문 밖에서 조만준이라는 사람이 철종이 타고 가는 가마를 향해 돌을 던진 사건이 일어났다. 이를 계기로 도성 안팎에서 임금의 행차 때 접견하는 일이 "보잘 것 없는 무리들의 폐해가 이번 사건에 이르러 극에 이르렀다"(《철종실록》)고 하여 금지되고, 가마 앞에서의 상언과 호위대 밖에서의 격쟁이 사실상 불가능해졌다. 안동김씨가 상언과 격쟁을 배제하려 했던 계획은 계속해서 국왕의 행차 도중에 이루어지는 상언과 격쟁 자체를 금지하는 데까지 이르렀다.

이와 관련하여 프랑스 선교사 달레가 19세기에 조선에서 경험한 것을 기초로 쓴 〈조선사정〉(앞의 《조선교회사》에 실림)에 "지금 청원과 소원을 바라는 사람들이 궁문으로 임금이 나오기만을 기다리고 있다. 임금이 나오면 그들은 징을 울린다. 이를 신호로 임금의 시종이 청원서를 거두어 임금을 모신 대관에게 전한다"라는 기술이 있다. 아마도 이 당시의 사정을 전한 내용일 것이다.

1867년(고종 4)에 공포된 행정법규에 해당하는 《육전조례》에서는 "임금이 도성 안에 행차할 때 파자교(把子橋)·통운교(通雲橋)·혜정교(惠政橋) 세 곳 외에서는 격쟁을 받지 아니한다"고 했듯이, 정조시대에 도성 안 세 곳에 한해서 상언과 격쟁을 인정하는 등 일부 개선이 있었다. 그러나 《고종실록》에는 이들 세 곳에서 격쟁이 있었다는 기록이 보이지 않는다. 이 규정이 실제로 유효했는지 매우 의심이 간다.

다음으로 순조·헌종·철종시대에 일어난 상언과 격쟁의 구체적인 내용을, 정조시대를 염두에 두면서 검토해 보자. 그 내용은 노론에게 죄인으로 지목받은 남인계 관료의 자손을 비롯한 양반층이 친부와 조부의 무죄를 호소하는 신원(伸寃)이 압도적으로 많았다. 대신 백성의 고통과 관련한 상언과 격쟁은 그것이 전반적으로 금지되기 이전부터 거의 발생하지 않고 있다.

신원의 대표적인 예로, 1799년(정조 23)에 죽은 뒤 인척 가운데 천주교인이 많다는 이유로 관직을 박탈당했던 남인계의 영의정 채제공(蔡濟恭)의 무죄를 호소한 채홍원(蔡弘遠)과 채주영(蔡柱永)의 격쟁을 들 수 있다. 《순조실록》에 따르면, 처음에는 그들의 탄원이 받아들여지지 않아 그때마다 고향으로 돌아갔는데, 1821년(순조 21)에 채홍원의 격쟁으로 마침내 무죄가 인정되었고, 2년 후에는 벼슬자리도 복원되었다. 그러나 이런 사례는 드물고, 격쟁의 대부분은 인정되지 않았다. 오히려 1827년(순조 27) 음력 3월에 유생 서유규(徐有圭)가 부친의 신원을 위해 격쟁을 했을 때처럼 '3년 유배'의 죄를 받는 경우도 있었다.

신원에 관한 상언과 격쟁은 이미 설명했듯이 당시에도 법으로 인정받고 있었다. 그런데 왜 이처럼 부당한 판결이 내려지게 되었을까? 다시 달레의 설명을 빌리면, "청원자가 청원 달성에 필요한 후원자를 확보하기 위해 상당한 돈을 가지고 있지 않다면, 탄원은 거의 묵살되고 말았기" 때문이다. 따라서 임금에게 직소를 할 수 있는 것은 주로 부유한 양반층에 한정되었고, 평민과 천민의 경우는 거의 불가능하였다. 좀더 정확하게 말하면, 1862년(철종 13) 음력 10월에 경기도 광주부에 사는 사노비가 주인인 민항상(閔恒常)의 관직 복위를 호소하는 격쟁을 했다는 기록이 있는데, 이를 끝으로 백성들의 상언과 격쟁은 자취를 감추고 말았다.

이처럼 정조시대에 폭넓게 인정되어 성행했던 상언과 격쟁이 19세기에 들어서면 그것을 시도하는 것조차 사실상 불가능해졌다. 그러나 사람들은 중앙의 정치를 그저 보고만 있었던 것은 아니다. 그들은 정조시대에 있었던 백성의 고통과 관련한 상언과 격쟁을 통해서 관료층에 대한 저항의식을 키워 나갔고, 이러한 저항의식은 19세기에 들어 각지에서 실력행사를 동반한 '민란'으로 폭발해 간 것이다.

실제로 조선의 19세기는 '민란의 시대'라 불릴 만큼 많은 민중반란이 일어났다. 주요한 것만 간단하게 소개한다. 우선 1811년(순조 11) 몰락 양반인 홍경래(洪景來 : 1780∼1812)가 김조순(金祖淳) 등을 가리켜 '절롱국병(竊弄國柄 : 국권을 도둑질하여 농락하고 있다)'이라 비난하는 격문을 내걸고,[8] 평안도를 무대로 반란을 일으켰다. '평안도농민전쟁'이라 불리는 이 민란은 재지(在地) 양반과 농민과 상인뿐만 아니라 '이서(吏胥)' 즉 하급관리 등 일부 지배층까지 참가한 대규모 민란이었지만, 이듬해에 진압되고 홍경래는 처형되었다. 그러나 그 후에도 '홍경래 불사설'을 내걸고 반란을 꾀하는 무리가 곳곳에서 속출하는 등 세도정치에 불만을 품은 많은 사람들에게 영향을 미쳤기 때문에 김씨정권의 동요는 깊어져 갔다.

1862년(철종 13)에는 조선왕조가 세워진 이래 가장 큰 규모인 '임술민란(壬戌民亂 : 1862년 농민항쟁)'이 일어났다. 경상도 진주에서 일어난 봉기를 기점으로 충청·전라·함경도까지 확대된 이 민란에 대해서는 최근에 새로운 연구가 나오고 있다.[9] 이들 연구에 따르면, 민란의 배경에는 19세기를 통해 강화되고 있던 '삼정(三政 : 전정·군정·환곡)'에 대한 반발과 수령과 이서(吏胥) 의 압정(壓政)에 대한 저항의식이 있었다. 그런데 농민들이 곧 바로 반란을 일으킨 것은 아니었다. '향회(鄕會)'라는 집회를 열어 수령과 이서의 부당한 수탈을 규탄하거나 관찰사에게 상소운동을 하여 삼정의 경감을 호소하는 등 해결을 위한 합법적 인 수단을 모색하고 있었다. 이런 운동은 일시적으로 지배층의 양보를 받아내기도 하지만, 곧바로 원래 상태로 돌아갔기 때문 에 농민들은 어쩔 수 없이 궐기했다고 한다.

그렇다면 진주의 봉기에 대해 지배층은 어떤 대응을 보였는 가. 민란의 소식을 받은 정부, 특히 당시 최고 정무기관이자 안 동김씨의 중앙 거점이기도 했던 '비변사(備邊司)'는 신속하게 대응하였다. 비변사의 중요 의사를 매일 기록한《비변사등록 (備邊司謄錄)》1862년 2월 임술조에는 다음과 같은 내용이 있다.

수령에게 호소해서 받아들여지지 않으면, 감영에 호소한다. 감영 에서 받아들여지지 않으면 조정에 호소하고, 이 역시 안 되면 격쟁 한다. 이 모든 것을 해서도 안 되면 무리를 모아 불만을 터뜨리고, 어리석은 짓을 꾀한다.

그런데 비변사의 이런 견해가 반드시 옳다고는 할 수 없다. 왜냐하면 지방에 사는 농민이 실제로 상소할 수 있는 곳은 '감 영' 즉 관찰사까지로, 이미 설명했듯이 상언과 격쟁을 통해 왕에게 백성의 고통을 직소하는 것은 거의 불가능했기 때문이다. 농민들 사이에 쌓인 불만은 곧이어 국내 각지에서 수령 추방과 하급관리들[吏胥輩]에 대한 살해로 폭발한 것이다.

임술민란이 일어난 이듬해인 1863년, 병약한 철종이 후계자 없이 죽자, 영조의 5세손인 고종이 12세의 어린 나이로 즉위하였다. 이 때문에 고종의 아버지인 흥선대원군(興宣大院君 : 1820~1898)이 사실상 정권을 장악하게 되었다. 정권을 잡은 대원군은 그동안 쌓여 온 민중의 불만을 누그러뜨리고, 세도정치를 타파하는 데 적극 나섰다. 비변사를 의정부 속에 흡수시켜 하부기관으로 만들어 안동김씨의 세력을 약화시키는 한편, 세도가들의 지방 거점으로 있던 서원을 과감히 줄이고 노론을 대신하여 새로 다수의 남인과 북인계를 관료로 등용하였다. 또한 임진왜란으로 불탄 이래 폐허상태로 방치되고 있던 경복궁을 복구하여 본궁으로 삼는 등 왕의 권위를 다시 일으키려 하였다. 대원군이 추진한 일련의 개혁으로, 쇠퇴하고 있던 왕권이 회복될 조짐을 보이기 시작하였다.

그러나 대원군의 개혁은, 국왕 스스로 동의해서 한 것이 아니라, 어디까지나 섭정이라는 이름 아래 추진되었다는 점에서 한계를 가지고 있었다. 그 결과 1836년(고종 10) 고종이 호조참판으로 임명했던 최익현(崔益鉉 : 1833~1906)이 국왕을 대신하여 권력을 장악하려는 대원군을 격렬하게 공격하는 상소를 올렸고, 이 때문에 대원군은 실각하였다. 그러나 그 뒤를 기다리고 있는 것은 고종에 의한 군권강화가 아니라, 민비정권의 성립이었다. 즉 안동김씨를 대신하여 명성황후(1851~1895)의 오빠 민

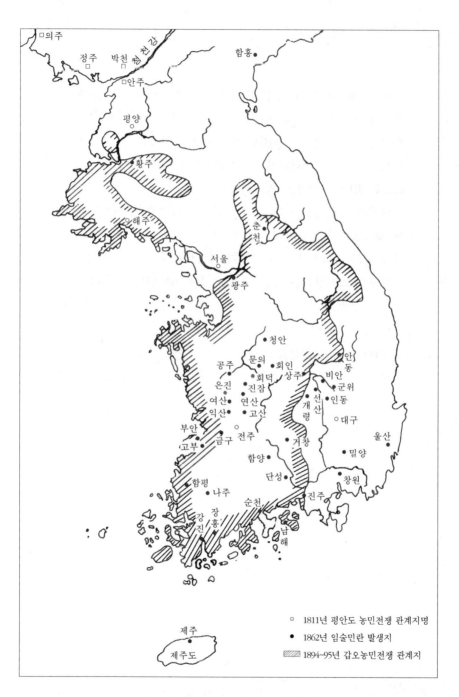

의주

정주 박천 _{청천강}

안주

함흥

평양

황주

해주

춘천

서울

광주

청안

공주 문의 회인 안동

회덕 상주 비안

은진 진잠 군위

여산 연산 선산 인동

익산 고산 개령

부안 전주 대구

고부 금구

함양 거창 울산

단성 밀양

함평 창원

나주

순천 진주

장흥

강진 남해

제주

제주도

□ 1811년 평안도 농민전쟁 관계지명

● 1862년 임술민란 발생지

▨ 1894~95년 갑오농민전쟁 관계지

19세기의 민란(武田幸男 編,《朝鮮史》)

승호(閔升鎬 : 1830~1874)를 중심으로 경기도 여주군 여흥(驪興)을 본관으로 하는 영흥민씨에 의한 세도정치가 시작되었다. 여흥민씨의 세도정치는 1882년에 일어난 군인폭동 '임오군란(壬午軍亂)' 직후와 1884년의 '갑신정변(甲申政變)' 등 한때를 제외하고는 19세기 말까지 계속되었다.

이처럼 조선에서는 몇 차례의 단절은 있었지만, 19세기를 통해 세도정치가 계속되어 군권이 계속 쇠퇴하고 있었다. 그렇지만 군권의 쇠퇴가 영조와 정조가 이상으로 내건 '일군만민' 사상까지도 폐기했다는 것을 뜻하는 것은 아니었다. 오히려 실상은 안동김씨와 여흥민씨가 정권을 개인 소유물로 하면 할수록 그런 정치에 반발하여 정조와 같은 탁월한 지도력을 가진 국왕을 바라는 기운이 커졌던 것이다. 앞서 언급했듯이, 이 시기에 자주 일어난 '민란'이 바로 그런 기운을 구체적으로 표현한 것이라고 할 수 있다.

2. 정조를 계승한 사상가들 I
― 정약용

정약용은 현재 남한이나 북한에서 조선시대 사상가 가운데 가장 대중적인 인기를 누리고 있는 인물이다. 남한에서는 그를 허구화된 유학을 내재적으로 비판하고 실사구시(實事求是)의 학문을 추구한 '실학'을 크게 일으킨 사상가로 보는 데 비해, 북한에서는 그를 유물론적 진보론을 주장한 선구자로 평가해서 차이가 있다. 그러나 봉건사회를 살면서 사상적으로 '근대'를 지향했다는 점에서 일치된 평가를 하고 있다.

그러나 여기서는 근대와 같은 보편적인 가치척도를 이용하여 그의 사상을 평가하려는 것이 아니라, 오히려 그 전제로서 18세기 조선에서 정조의 정치운영과 사상이 그의 사상에 커다란 영향을 주었다는 점[10]을 밝히고 싶다. 이를 위해서는 먼저 정약용과 정조의 개인적인 관계를 다룰 필요가 있다.

남인계로 있으면서 부친대(父親代)까지 3대에 걸쳐 관직의 기회가 없었던 정약용이 중앙관계로 진출할 수 있었던 이면에는 정조와의 극적인 만남이 있었다. 정약용이 정조를 처음 만난 것은 그의 나이 23세였던 1784년(정조 8) 무렵이었다. 당시 국립 유학교육기관인 '성균관'의 학생이었던 그는 정조가 《중용》에 관한 70여 개의 질문을 내놓았을 때, 이이(李珥)의 학설을 기초로 이황(李滉)의 해석을 맹렬하게 비판한 〈중용강의〉라는 회답을 의형인 이벽(李蘗 : 1754~1786)과 공동으로 제출하여 정조의 관심을 끌게 된 것이다.[11]

정약용은 1789년에 문과에 급제하여 규장각 초계문신이 되어, 정조한테서 직접 정치적 사상적인 지도를 받게 되었고, 곧바로 두각을 나타내며 정조에게 중용되었다. 이어 사간원 정원(正員), 병조참의, 형조참의 등 사간원과 육조를 중심으로 한 중앙관과 전라도 영암군 금정역에서 역전(驛傳)의 업무에 해당하는 금정찰방, 황해도 곡산부의 장관인 곡산부사 등 지방관의 요직을 두루 거친다.[12]

또한 1792년(정조 16)에는 정조가 제2의 도읍으로 정한 화성(수원)에서 수원성을 만드는 임무를 맡아, 설계와 기술 등 실용면에서도 솜씨를 발휘하였다. 그리고 1794년에 정조의 특명을 띠고 지방관의 부정을 적발하고 민정을 시찰하는 암행어사로 경기도에 파견되어, 정조의 행차만으로 대응하지 못했던 지방의 실태를 왕에게 정확하게 전하는 등,[13] 말 그대로 정조의 수족이 되어 정조의 정치운영을 뒷받침하고 있었다.

이런 눈부신 활약에 대해 정약용 자신은 훗날 이렇게 회상하고 있다.

나는 원래 초야에서 외롭고 가난한 생활을 하며 부친과 형제의 도움이나 벗들의 힘도 얻지 못하였다. 그런데 전하가 만물을 육성하는 덕을 펼친 것에 힘입어 자라서 귀한 신분에 이르렀다. …… 내가 문자를 조금 깨우쳐 작위와 봉록을 얻을 수 있었던 것도 오로지 전하의 지극한 가르침에 대단히 감화받은 바, 전하의 깊은 사상에서 나오지 않은 것이 없다.(〈辭謗辭同副承旨疏〉)

아무런 연고도 없었던 정약용이 중앙정계로 나가 활약할 수 있었던 것은 모두 정조에게서 특별한 훈련과 두터운 신뢰를 받았기에 가능했다는 것을 밝히고 있다.

그런 만큼 1800년(정조 24) 음력 6월 28일 정조의 갑작스런 죽음은 정약용에게도 충격이었다. 훗날 다음과 같이 서술한 데서 그 충격의 심정을 짐작할 수 있다.

생각건대 6월 20일 밤, 전하께서 특별히 규장각 서리를 보내 나에게 《한서선(漢書選)》 10질을 하사하면서 안부를 물었다. 이것이 곧 영원한 이별을 앞둔 은전이었다. 전하의 처사를 곰곰히 생각해 보았으나 12일에 이르러서도 알지 못했다. 군신의 도리가 이날 밤으로 영원히 끝난 것이다. 생각이 이에 미치자 피눈물이 적삼을 젖게 하였다. 전하의 뒤를 따라 죽어 지하에서라도 용안을 뵈려 하나 어찌할 수가 없구나.(丁奎英, 《俟菴先生譜》)

정조의 죽음으로 실의에 빠진 정약용에게 또 한번 충격을 준 것은 이듬해에 일어난 신유박해였다. 이미 설명했듯이 정약용의 형인 정약종과 이가환을 비롯한 남인계의 많은 관료들이 비밀리에 천주교를 믿고 있다는 혐의로 노론 벽파에 의해 처형된 사건이다.

이 사건으로 정약용도 천주교와 어떤 관계를 맺고 있는지 심문을 받았다. 사실 그는 정조와 만난 해, 조선 천주교의 비조(鼻祖)라 불리는 이벽에게서 《천주실의(天主實義)》 등 천주교서를 빌리는 것을 계기로 세례를 받은 이후, 정약종·권철신과 자주 천주교를 연구하는 모임을 가졌다. 그러나 그는 북경사교(北京司敎)를 통해서 천주교가 조상에 대한 제사를 미신으로 여겨 배척한다는 이야기를 듣고 옳지 않다고 판단하였다. 그래서 1797년(정조 21)에 '자명소(自明疏)'를 정조에게 올려 천주교를 버린다는 것을 밝혔다. 이 때문에 신유박해 때 겨우 처형은 면해, 경상도 장기에 이어 전라도 강진으로 유배되었다.[14]

이후 정약용은 중앙에서 세도정치가 성립하고, 그에 따라 군권이 쇠퇴하는 것을 지방의 재야인사로서 보게 된다. 강진에서 18년 동안 유배생활을 하면서 그는 사서오경을 해석[經學]하고 현실의 관제개혁 연구[經世學]에 몰두한다. 《논어고금주(論語古今注)》, 《맹자요의(孟子要義)》, 《대학공의(大學公義)》, 《중용자잠(中庸自箴)》, 《상서고훈(尙書古訓)》이라는 경학 해석서와 '1표 2서'로 불리는 《경세유표(經世遺表)》, 《목민심서(牧民心書)》, 《흠흠신서(欽欽新書)》 등 관료시절의 경험을 바탕으로 한 경세학적 저작을 이 시기에 구상하여 완성해 간 것이다.

이상, 정조와의 만남에서 관리생활, 그리고 유배에 이르기까지 정약용의 생애를 보았다. 그렇다면 그의 정치사상은 구체적으로 어떤 특징을 갖고 있으며, 정조의 정치운영에서 어떤 영향을 받았고 그 사상과 어떻게 연결되고 있을까. 정약용의 저작을 모은 《여유당전서(與猶堂全書)》를 통해 보자.

정약용의 정치사상이 최초로 정리된 모습을 띤 것은 1790년(정조 14) 무렵에 씌어진 〈원목(原牧)〉(《시문집》에 수록)이라는 짧은 글에서였다. 정조에게 제출한 이 글에서 그는 지배자[牧]의 발생에 대해, 유명한 토머스 홉스가 말한 사회계약론을 방불케 하는 논리를 다음과 같이 전개하고 있다.

태고적에는 단지 '민'이 있어 자급자족하며 무리를 이루어 평등하게 살았다. 그런데 어떤 문제가 생겨 대립하는 상태가 일어나자, '민' 가운데서 지혜와 덕을 가진 뛰어난 인물이 나타나 사태를 수습하였다. '민'은 그에게 감복받아 '이정(里正)'으로 삼았다. 공동체가 커지고 '이정'의 수도 늘어가게 되자, 마침내 그들 사이에 대립이 일어나게 된다. 그러자 그들 가운데서 지혜와 덕이 특히 뛰어난 인물이 사태를 수습하여, 다른 '이정'들이 그를 '당정(黨正)'으로 추대하였다. 공동체가 더욱 커지게 되면, 같은 논리로 '주장(州長)', '국군(國君)', '방백(方伯)', 그리고 '황왕(皇王)'이 생겨나게 된 것이다.

따라서 정약용의 논리에 따르면, '황왕'이 출현한 것도 원래는 '민'이 추대한 것으로, 이런 추대가 없다면 '천자'로서의 자격도 갖지 못한다. "천자란 민이 추대하여 만든 것이다. 민이 추대하면 되고, 반대로 민이 추대하지 않으면 안 되기" 때문이다.

그렇다면 그 후의 역사는 어떻게 되었는가? 그는 이를 다음과 같이 비판적으로 묘사하고 있다.

훗날 어떤 사람이 스스로 일어나 황제가 되고, 그 자식이나 형제 또는 시종에게 영지를 주어 제후로 삼고, 제후는 자신의 사람을 뽑아 주장으로, 주장 또한 자신의 사람을 추천하여 당정과 이정으로 삼았다. 이렇게 해서 황제는 자신이 원하는 대로 법을 제정하여 제후에게 주고, 제후 또한 자신이 원하는 대로 법을 제정하여 주장에게 주었다. 주장은 법을 당정에게 주고, 당정은 이정에게 주었다. 따라서 그 법은 모두 지배자를 존경하고 민을 업신여기며, 아랫사람을 핍박하고 윗사람에게 아양을 떨게 되었다. 민이 마치 지배자를 위해 살도록 되어 버린 것이다.

즉 태고적과는 정반대로 가장 위에 있는 지배자인 '황제'가 먼저 생겨나면서 '제후' '주장' '당정' '이정'이 각각 자기보다 높은 지배자의 권력욕을 만족시키기 위해 생겨났기 때문에, 가장 밑에 자리잡은 '민'이 마치 지배자를 위해 살아가도록 되고 말았다는 내용이다.

이상과 같은 정약용의 논리는 '황왕'과 '황제'를 당연한 것으로 여겼던 당시의 유교사상에서 본다면 매우 급진적인 것이었다. 그러나 글의 의미를 다르게 보면, 이 책의 머리에서 언급한 요시다 쇼인(吉田松陰)이 주장했던 '일군'이 있은 뒤의 '만민'과 같은 논리가 아니라, '만민'이 있은 뒤의 '일군'이라는 논리를 명쾌하게 제기했다는 점을 주목해야 할 것이다. 이 글 속에서는 '일군만민'의 정치철학을 수립한 정조에게서(또는 정조에게) 스스로도 사상적으로 영향을 주고받았음을 인정할 수 있을 것이다.

그러나 정조가 죽은 뒤 유배되고 세도정치가 성립하게 되자, 민본사상에 기초한 그의 원리는 뒤에 서술하는 경학 연구에 단편적으로 나타나는 것을 제외하면, 그 자체로서 적극적으로 전개하지는 못한다. 왜냐하면 원리를 추구하는 대신, 현실의 세도정치를 타파하고 부패하고 타락한 권력을 없애기 위한 군주의 지위 강화와 그것을 보완하는 지방관의 능동적인 역할을 강조하려 했기 때문이다. '일군'의 논리를 우선시킨 이러한 주장은 유배지에서 쓴 《상서고훈》, 《경세유표》, 《목민심서》를 통해서 엿볼 수 있다.

《상서고훈》은 경학 연구라는 형식을 띠면서 《서경》에 대한 주석을 통해 군권강화를 정당화한다는 현실의 요청에도 응할 만큼 풍부한 내용을 갖춘 저작이었다.[15] 이미 서술했듯이 정조는 《서경》 고도모의 주석을 통해 '지인안민(知人安民)'을 위해 적극적으로 '작위(作爲)'하는 성인상(聖人像)을 만들었는데, 정약용 또한 이 《서경》 부분에 대해 정조와 같은 해석을 시도하고 있다.

즉 군주의 역할은 수신(修身)을 통해 민을 감화시키기보다는 오히려 '관리를 공정하게 뽑고[知人], 세금을 적게 하는[安民]' 것에 있으며, 이러한 정책을 가장 적극적으로 실천한 군주야말로 중국 고대의 성인인 요임금과 순임금이었다.

《서경》의 요전(堯典)에는 요가 '희중(羲仲)' '희숙(羲叔)' '화중(和仲)' '화숙(和叔)'이라는 각각 동쪽·남쪽·서쪽·북쪽을 지배하는 신[四岳]에게 명령해서 천체의 운행을 바로 측정해서 농경력(農耕曆)을 정한 뒤에 그들과 상의하여 여러 관리를 임명하는 내용이 있다. 《서경》 가운데서도 특히 신화적인 색채가 강한 이 부분에 대해 정약용은 다음과 같이 서술하고 있다.

내가 개벽 이래의 역사를 보건대, 요순만큼 일에 분발한 사람이 없다. …… 그 마음을 쓰고 힘을 다하는 것을 '분발하다[奮]'고 말할 만하다.

여기서 말하는 '분발하다'는 것은 '스스로 적극적으로 사물에 힘쓴다'는 뜻이다. 중국 고대의 성인에 대한 정약용의 이러한 해석은 정조와 매우 가까우며, 성인을 '청정무위(淸靜無爲)'하게 보는 주자류의 해석과 비교하면 완전히 대조적이라는 것을 알 수 있다.

특히 주목할 것은 탕평정치의 어원이기도 한 《서경》의 홍범(洪範)에 대한 그의 주석이다. 원문에는 '하늘'이 정한 지상의 원칙으로 다음과 같이 9개가 있다.

1. 오행(五行 : 만물이 성립하고 변화하는 원인이 되는 5개의 단위, 즉 金·木·水·火·土).
2. 오사(五事)를 경용(敬用)함(오행에 따른 인간의 근본적인 5개의 작용, 즉 貌·言·視·聽·思를 조심해서 씀).
3. 팔정(八政)에 힘씀(국정의 8대 사업, 즉 食·貨·祀·司空·司徒·司寇·賓·師를 담당하는 각 장관에 힘씀).

4. 오기(五紀)를 협용(協用)함(업무의 기준이 되는 5개의 기본, 즉 歲·月·日·星辰·曆數를 모아서 씀).

5. 황극(皇極 : 왕의 법)을 만들어 씀.

6. 삼덕(三德)을 예용(乂用)함(근본이 되는 세 가지 덕, 즉 正直, 剛克, 柔克을 적절히 씀).

7. 계의(稽疑)를 명확히 씀(어려운 문제를 해결하는 방법을 명확히 함).

8. 서징(庶徵)을 생각하여 씀(5사에 따라 하늘이 보인 여러 가지 효험을 잘 씀).

9. 오복(五福)을 받아 쓰고, 육극(六極 : 여섯 가지 재앙)을 위협해서 씀.

이를 '홍범구주'라 한다. 일본어의 '범주'라는 단어는 《서경》이 부분에서 유래한 것으로 메이지 초기에 니시 아마네(西周 : 1829～1897)가 '카테고리(kategorie)'를 번역해서 만든 말이다.

원문에서는 이 '홍범구주'를

하늘이 진노하여 홍범구주를 주었다.

하늘이 우(禹)에게 홍범구주를 주었다.

고 했듯이, 구주를 '하늘'이 군주에게 준 것으로 되어 있다. 그런데 정약용에 따르면, 그것들은 동일한 가치를 가지는 것이 아니라 궁극적으로는 다섯 번째의 '황극을 만들어 씀' 즉, '황극의 지위와 권한'을 가리키고 있다. 천지만물의 주재자인 '하늘' 즉

'상제'로부터 '황극의 지위와 권한'을 받음으로써 군주는 지상의 민을 다스리는 정통적인 권한을 받았다는 것이다.[16]

그리고 원문에는 이 '황극'에 대해 다음과 같은 설명이 있다. 정약용의 《서경》 해석을 이해하는 데도 중요한 부분이다.

[그림 2] 홍범 9주도

七稽疑	四五紀	一五行
八庶徵	五皇極	二五事
九福極	六三德	三八政

*五皇極 : 황극이란 군주가 훌륭한 법을 만들어 오복을 내린 권한을 한손에 쥔 뒤 인민에게 오복을 주는 것이다.

여기서 정약용은 《서경》을 해석하면서 9개로 구분한 정전(井田) 모양의 '홍범구주도'라는 그림을 만들었다(그림 2).[17] 그림과 같이 '홍범구주'를 1에서 9까지 오른쪽 위에서 왼쪽 아래로 배치하면, 다섯 번째의 '황극'이 한가운데 자리잡게 된다. 그 의미를 정약용은 다음과 같이 설명하고 있다.

황극이 구주의 중앙에 있는 것은 공전(公田)이 9개로 나누어진

156

정전의 중앙에 있는 것과 같다. 가로 세로와 대각선이 교차하는 곳에 있기 때문에 '그 극을 세운다'란 이야기이다. '때의 5복을 거둔다'란 말은 군주가 통치의 대권을 장악하고, 이를 수중에 두고 있다는 것이다. …… 무릇 군주는 민에게 복을 가져다 주는 권한을 모두 가지며, 또한 이를 행사하는 것이다.

결국 군주[皇]는 '하늘[天]'로부터 '홍범구주' 가운데서도 가장 중요한 '황극의 지위와 권한'을 부여받았기에 민의 생사와 안부에 관한 모든 권한을 완전하게 장악하는 지배자가 되었다. 또한 이 때문에 앞서 본 지인안민의 정책도 가능했다는 이야기이다. 이상과 같은 그의 《서경》 해석은 군권 그 자체의 절대성을 설명하는 데 머무르지 않고, 한걸음 더 나아가 그 근거를 '하늘'이라는 좀더 상위에 있는 궁극적인 존재에 두고 있다는 점에서 앞 장에서 설명한 정조의 그것을 한층 더 발전시켰다고 할 수 있다.

《서경》 주석을 통해 제시한 군권강화론은 관제에 대한 현실적인 개혁내용을 담은 《경세유표》에서도 나타난다. 여기서 그는 "성인이 정한 법에는 여러 관리들은 모두 6개의 관청에 소속되어 있고, 단지 3명의 대신만 6개의 관청 위에 있었다"고 서술하고 있다. 이렇듯 중국 고대의 관제를 정한 《주례》를 표본으로, 국왕에 직속한 영의정·좌의정·우의정(합쳐서 의정부)을 제외하고 당시의 비변사·승정원·사헌부·사간원이라는 6조 어디에도 소속하지 않았던 반독립적인 기관을 모두 의정부로 흡수하든가, 또는 각각에 해당하는 6조에 배속시켜 이조와 형조의 하부기관으로 삼음으로써 권력과 지휘계통의 일원화를 꾀한다는 거대한 개혁안을 제시하고 있다(그림 3, 4 참조).[18]

앞 절에서 설명했듯이, 고종의 아버지인 흥선대원군이 섭정을 맡자, 군권 회복을 목적으로 세도정치의 온상이 되고 있었던 비변사를 의정부의 하부기관으로 하는 등 대담한 개혁을 실행했는데, 그것보다 반세기나 앞서 씌어진 《경세유표》의 계획은, 바로 이런 현실에서 달성되어야 할 개혁을 다루고 있었다고 할 수 있다.

이 《경세유표》와 거의 같은 시기에 씌어진 저작이 바로 유명한 《목민심서》이다. 전자가 관제개혁의 구체적인 내용을 다룬 것이라면, 후자는 지방행정을 맡은 수령이 민을 다스릴 때 가져야 할 마음가짐을 부임에서 물러날 때까지 12개 항목으로 나누어 이해하기 쉽게 설명한 것이다. 이것은 정약용이 지방에서 군권을 대행하는 수령의 역할을 중시하고 있음을 살필 수 있는 내용이다.

여기서 《목민심서》의 전체 내용을 밝힐 수는 없고, 본론과 관련해서 주목할 만한 것은 이 책의 '형전(刑典)'에서 바람직한 재판관으로서 수령의 역할을 강조하고 있다는 점이다. 즉 그는 지방에서 일어난 문제를 '인륜(존비의 질서)' '골육상쟁(부자, 형제 간의 다툼)' '전지(田地)' '우마(牛馬)' '재백(財帛 : 재화)' '묘지' '노비' '채대(債貸 : 금전 거래)' '군첨(軍簽 : 군역)' 등 9개로 나누어, 각각의 소송에 대해 적절한 대응방법을 상세하게 서술하고 있다.

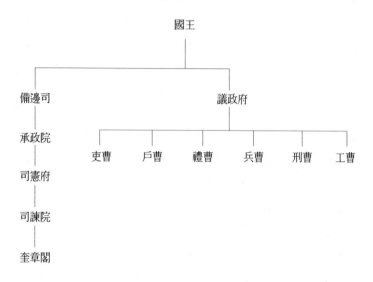

[그림 3] 정약용시대의 주요 관료기구

國王

備邊司

承政院

司憲府

司諫院

奎章閣

議政府

吏曹　戶曹　禮曹　兵曹　刑曹　工曹

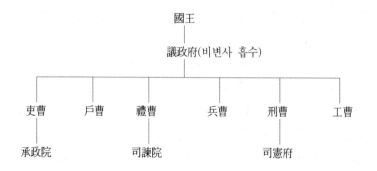

[그림 4]《경세유표》에 나타난 주요 관료기구

國王

議政府(비변사 흡수)

吏曹　戶曹　禮曹　兵曹　刑曹　工曹

承政院　司諫院　司憲府

이들 가운데서 '전지' '우마' '재백' '채대' '군첨'이 토지와 소유권, 금전 거래와 과세 등을 둘러싼 인민의 고통에 관한 소송에 속해 있다는 것은, 앞 장에서 서술한 정조시대에 그러한 소송들이 수없이 많이 국왕에게 쏟아져 들어왔다는 것을 상기시킬 것이다. 또 "지방민의 소송을 덮어 두게 된다면 민의 마음은 막히고 답답하게 된다. 관청에 와서 호소하는 민이 마치 부모 집에 오는 것처럼 느끼게 하는 것이야말로 훌륭한 지방관"인 것처럼 민이 가능한 한 수령에게 호소하기 쉬운 환경을 정비하는 것이 매우 중요하다고 설명하고 있는 것도, 상언과 격쟁이 자주 일어났던 정조의 정치운영을 염두에 두고 있었던 것이 아닐까.

이상 《상서고훈》, 《경세유표》, 《목민심서》를 통해 나타난 정약용의 정치사상에 대해 살펴보았다. 이것은 모두 군주와 수령이라는 지배자의 권한을 둘러싸고 전개되었다는 점에서 공통점을 갖고 있다. 그러나 이것이 앞서 본 것처럼 부임기에 제기했던 '만민'의 논리, 즉 민본사상에 기초한 원리론을 유배기에 이르러 전면적으로 포기했다는 것을 뜻하는 것은 아니었다. 그것을 잘 보여주고 있는 것으로서 여기서는 1813년(순조 13)에 《논어》 주석서로 쓴 《논어고금주》를 다루고자 한다.

그는 이 책에서 주자학이 발흥하기 이전인 한(漢)·당(唐)대에 쓰어진 《논어》의 주석서인 《고주(古注)》, 송대 주자가 쓴 《논어》 주석서인 《신주(新注)》, 그리고 오규 소라이(荻生徂徠)의 제자인 다자이 슌다이(太宰春台 : 1680~1747)가 쓴 《논어고훈외전(論語古訓外傳)》을 비롯한 도쿠카와 일본 유학자들의 해석을 각각 언급하고, 그것과 대항하는 형식으로 자신의 해석을 붙이고 있다. 특히 도쿠카와 일본 유학자와 대항하면서 제시한 정약용의 해석은 이 시기에 민에 대한 그의 견해를 보여준다는 점에서도 흥미롭다.[19]

예를 들면, 《논어》 태백(泰伯)의 "공자 말하기를, 민으로 하여금 (정부의 정책을) 따르게 하면 되지, 그 이유를 알게 할 필요는 없다"는 구절에 대해, 그는 먼저 《논어고훈외전》에서 주장한 슌다이의 해석을 인용하고 있다.[20]

슌다이는 말한다. "무릇 세상에는 군자도 있고 소인도 있다. 그래서 반드시 한 명의 군자가 민을 다스리고, 그런 후에 천하가 다스려진다. 만일 모든 세상 사람들을 깨우치고 가르친다면, 민은 모두 군자가 되어 버릴 것이다. 이렇게 되면 세상에 민이 없어지게 된다. 민이 없다면 나라도 없게 될 것이다. 따라서 요순시대라 하더라도 민은 그저 민일 뿐 윗사람이 아니기 때문에, 그들을 가르칠 수 없다. 진(秦)의 지배자가 우민정책을 취했지만, 그것은 민을 가르칠 필요가 없었기 때문이다."

즉 슌다이에 따르면 세상 사람들은 처음부터 통치의 주체인 군자와 통치의 객체인 소인으로 나누어져 있고, 후자가 전자로 되는 일은 있을 수 없다. 만일 소인을 군자로 만든다면 세상에는 민이 없게 되고, 나라도 없게 될 것이다. 따라서 요순시대부터 민은 깨우칠 수 없는 존재였으며, 진의 우민정책은 그 전형이었다고 말한 것이다.

이러한 슌다이의 해석을 소개하면서 정약용은 뒤이어 다음과 같이 반박하고 있다.

　　공자가 직접 이렇게 말했다. "있는 것은 교육이지, 인간의 종류가
아니다"라고. 그러나 이것과 반대되는 "그 이유를 알게 할 필요가
없다"는 말도 하였다. 이치에 맞는 말일까. …… 성인의 마음은 공
평무사하다. 따라서 맹자는 "사람은 모두 요순이 될 수 있다"라고
말하였다. 어찌하여 자신의 사심 때문에 백성을 어리석게 만들고,
스스로 편하고자 타인이 요순이 되는 길을 막을 것인가. …… 만일
백성을 어리석게 만들고 스스로 편하고자 한다면, 한 달도 못 가 그
나라는 반드시 망할 것이다. 진이 그것을 증명하고 있다. …… 공자
의 말은 순간적으로 나온 것이지 깊이 생각해서 한 것이 아니다.

　　그는 여기서 《논어》 위령공(衛靈公)과 《맹자》를 비롯해, 《상
서대전》 《예기》 《주례》 등(中略한 부분)을 인용하면서 당당하
게 논조를 전개하고 있는데, 그 핵심은 크게 두 가지로 정리할
수 있다. 첫째, 위령공에서 공자의 "있는 것은 교육이지, 인간의
종류가 아니다"라는 말을 근거로 "민으로 하여금 따르게 하면
되지, 그 이유를 알게 할 필요는 없다"는 말을 본심에서 나온 것
이 아니라고 주장한 것이다. 둘째, 그러한 전제 위에 사람은 모
두 요와 순과 같은 성인이 될 소질을 갖고 있다는 《맹자》의 주
장에 동조하면서, 진이 우민정책을 취했기 때문에 빨리 망했다
는 것이다. 따라서 그는 순다이와는 완전히 대조적인 해석을 하
고 있으며, 민본사상에 기초한 원리론을 더욱 전면에 내걸고 있
음을 알 수 있다.

이러한 해석의 차이는《논어》헌문(憲問)의 "공자 말하기를, 군자는 본질에 정통하고, 소인은 사소한 것에 정통한다"는 말에서도 나타난다. 슌다이와 정약용, 각자의 해석을 보자.

(슌다이) '군자는 본질에 정통하고'에서의 군자는 사대부를 일컫는다. 군자의 길을 말하고 본질에 정통하려는 것이 천자와 제후이다. 소인은 서민을 일컫는다. 소인의 길은 하찮은 일에 정통할 뿐이다.[21]

(정약용) 군자와 소인은 시작할 때 모두 중인이다. 약간의 차이란 옳은 것을 깨닫는 것에 있다. 군자는 나날이 덕을 쌓아 한 계단 한 계단 올라가 마침내 최고의 단계에 이른다. 소인은 나날이 후퇴하여 한 계단 한 계단 내려가 마침내는 최저의 단계에 이른다.

결국 슌다이는 여기서도 군자를 지배자(사대부), 소인을 피지배자(서민)로 보았다. 그러나 정약용은 처음에는 모두 '중인'이었는데, 이후의 노력으로 군자와 소인으로 나누어졌다는 해석을 하고 있다.

정약용이 이렇게 해석하는 배경에는, 〈원목〉이후의 민본사상에다 민을 '인(仁)'의 수혜자가 아니라 '인'을 실천하는 주체로 본, 유배기에서 확립된 사상이 있었다고 생각한다. 그는《논어》술이(述而)의 "공자 말하기를, 인은 멀리 있지 않다. 우리들이 원하기만 한다면, 바로 여기에 있다"에 대해 다음과 같이 말하고 있다.

인이란 속인의 사랑이다. 사람과 사람의 관계 속에서 자신의 본분을 다하는 것이다. 이를 인이라 한다. 인을 실천하는 것은 자기 자신이다. 따라서 '멀리 있지 않다'는 것이다.

이 해석은 '인'에 대한 정약용의 생각을 잘 보여주고 있다. 이와 관련해서 오규 소라이는 《논어》의 이 부분을 "인은 멀리 있다"라고 읽고 "인은 도달하기에는 멀리 있다는 것을 말한다. 인이란 천하를 편안하게 만들기 위한 것이다. 따라서 도달하기에는 멀리 있다. 천하를 편안하게 하는 방법은 바로 선왕의 도를 말한다"고 말한다. 따라서 '인'이란 성인만이 천하를 편안하게 하기 위해 행사할 수 있는 위대한 덕이라는 해석을 전개하고 있다. 이는 말할 것도 없이 정약용의 해석과는 전혀 다른 내용이다. 정약용에 따르면, '인'이란 일상생활 속에서 누구나 실천할 수 있는 생활규범에 지나지 않으며, 그것을 실천하는가 못 하는가는 오로지 각자의 노력에 달려 있다는 것이다.[22]

여기서 분명하게 알 수 있듯이, 유배기에 이르러 대성한 정약용의 정치사상은 한편으로는 통치의 주체인 군주와 수령의 권한을 강화하려는 것을 지향하면서도, 다른 한편으로는 민 또한 단순한 통치의 객체가 아니라 인을 실천하는 주체로서 상정하고 있다. 그런 점에서 수령과 민 사이에 상하의 차이가 없게 된다는 것이 커다란 특징이다. 이처럼 '일군'과 '만민' 양쪽에서 전개된 논리를 융합시킨 정약용의 정치사상이 정조의 정치운영과 사상에서 많은 영향을 받고 있었음은 새삼 설명할 필요가 없을 것이다.

정약용은 유배지에서 풀려나 고향인 경기도 광주부 마현(馬峴)에서 1836년(헌종 2)에 삶을 마쳤는데, 500여 권이 넘는 방대한 저서는 죽은 뒤에도 1930년대까지 간행되지 못하였다. 그러나 이 사실은 그의 정치사상이 후세에 전해지지 않았다는 것을 뜻하는 것이 아니다. 그의 저작은 널리 복사되어 읽혔으며, 다음 절에서 다룰 '동학이단(東學異端)'의 사상에 커다란 영향을 끼치는 것 외에, 그 다음에 서술할 고종에 의해서도 높이 평가받아 1883년(고종 20)에는 고종이 베껴서 가지고 있던 그의 저작을 규장각 내각에 수장하도록 하였다.[23] 정약용의 사상은 세도정치가 계속된 19세기 후반에도 이어져 내려왔던 것이다.

3. 정조를 계승한 사상가들 Ⅱ
─ 동학 이단

한국의 학계에서는 1894년(고종 31)에 일어난 갑오농민전쟁(이른바 동학란)을 어떻게 보는가에 대해 지금부터 언급할 동학사상과의 관계를 둘러싸고 견해가 나누어져 있다. 서울대학교의 신용하 교수(사회사상사)는 이를 크게 ① 동학이라는 혁명적 사상에 의해 농민전쟁이 일어났다고 보는 '동학혁명설', ② 동학은 농민전쟁의 외피에 지나지 않는다는 '동학외피설', ③ 동학은 종래의 민란과 농민전쟁에 사상과 조직을 제공하여 양자가 결합함으로써 일어났다는 '동학과 농민전쟁의 결합설' 등으로 분류하였다.[24]

그러나 이전부터 있던 ①과 ②의 설명은 물론, 신용하 자신이 주창한 ③의 설도 동학사상을 농민전쟁 당시의 교주였던 최시형(崔時亨 : 1827~1898)을 중심으로 한 지도부[大接主]의 교단사상과 거의 같이 보는 것을 전제로 한 위에, 그것과 농민전쟁 사이의 관계를 고찰하고 있다는 점에서 공통성을 띠고 있다. 예를 들면 ③의 설에서는 그러한 전제를 바탕으로 갑오농민전쟁을 실제로 일으킨 농민군에 대해 동학지도부의 사상과 조직이 구체적으로 어떤 영향과 지침을 주었는가를 고찰의 대상으로 삼고 있다.

그러나 여기서는 이러한 설명 방식은 취하지 않겠다. 농민군이 반드시 동학 지도부에 의해 사상적으로 이끌린 수동적인 존재가 아니었다는 것은 농민군이 전쟁을 시작할 때 소극적인 지도부의 제지를 뿌리치고 거병했다는 사실을 보는 것만으로도 분명할 것이다. 동학 지도부와 농민군이 반드시 사상적으로 주종관계에 있었던 것이 아니라면, 통합된 형태가 아니라 오히려 날카롭게 대립하는 상태에 있었다. 따라서 전자를 정통으로 본다면 후자는 이단으로 부를 만한 사상을 분명히 갖고 있었으며, 그 사상을 기초로 거병했던 것이다.

이러한 견해는 일본에서 동학을 계속 연구한 조경달(趙景達)이 제기한 것인데, 나도 그것에 시사받아 농민군이 갖게 된 동학 이단의 사상이 무엇인가에 주목하고자 한다.[25] 왜냐하면 여기서 19세기 후반에 나타난 '일군만민' 사상의 중요한 궤적을 볼 수 있기 때문이다.

먼저 동학의 사상에 대해 간단하게 확인해 두자. '동학'이란 천주교로 대표하는 '서학'에 대항하기 위해 붙여진 명칭으로, 1860년(철종 11) 경주의 몰락양반인 최제우(崔濟愚 : 1824~1864)가 창시한 민족종교이다. 최제우는 1840년대부터 1850년대에 걸쳐 국내 각지를 유랑한 끝에 '천주(天主)'의 강림이라는 신비한 체험을 겪었다고 하는데, 이 체험이 바로 동학의 발원점이다.

최제우에 따르면, 사람은 모두 내면에 신령(神靈)을 갖고 있기 때문에, 천령(天靈)의 직접 강림으로 '천주'를 감응하여 '시천주(侍天主)'하는, 달리 말하면 '천주'와 내면적으로 일체가 됨으로써 천도를 실천할 수 있다. 이 '천인일여(天人一如)'로 인간은 군자가 되고, '근세'가 끝난 후에 찾아올 '후천개벽(後天開闢)의 새 시대'가 되면, 천령이 직접 강림하여 군자공동체들로 구성된 지상천국이 실현된다는 것이다. 이후 그는 1864년(고종 원년)에 처형되기까지 유토피아적인 평등사상에 기초한 '보국안민(輔國安民)'이라는 구호를 내걸고 각지에서 가혹한 수탈을 받고 있던 사람들에게서 열광적인 지지를 받고 있었다.

최제우의 이러한 사상은 동학의 반유교성(反儒敎性)·민중성을 나타낸 것으로서 지금까지도 연구자들 사이에서 높은 평가를 받고 있다. 그러나 주의해야 할 것은 그가 반드시 이러한 지상천국이 쉽게 실현되리라고 생각하지는 않았다는 점이다. 왜냐하면 인간이 군자로 되기 위해서는 엄격한 수양을 통해 바른 '마음[心]'과 '기(氣)'를 가질 것, 즉 '수심정기(守心正氣)'가 무엇보다 중요하며, 지상천국이 도래하는가 못 하는가는 오로지 사람들의 '수심정기'에 달려 있기 때문이다.

따라서 엄격한 수양을 실천하기 전까지는 민중을 변혁주체로 설정하지 못하게 되고, 현실에 대해서도 여전히 관조주의적인 태도를 갖게 된다. 1864년을 '후천개벽'이 본격적으로 도래하는 해로 예언하고 있지만, 그 징조라고도 볼 수 있는 1862년의 농민전쟁, 임술민란에 대해 방관적인 태도를 취한 것은 바로 그의 이러한 사상에서 유래한 것이었다.[26]

쉽게 상상할 수 있듯이 여기서는 도덕적인 수양을 중시하는 유교사상의 잔존을 볼 수 있는데, 이것은 최제우가 제시한 '천(天)'의 관념에서 좀더 분명하게 나타나고 있다. 예를 들면 그는 다음과 같이 서술하고 있다.

일동일정(一動一靜), 일성일패(一成一敗)는 모두 천명(天命)에 달려 있다. 따라서 천명을 공경하고 순리에 복종하는 것이다. 이렇게 해서 사람은 군자가 되고, 익혀서 도덕을 지니게 된다. 여기서 말하는 도란 천도이며, 덕이란 천덕인 것이다.

이처럼 그가 '천인일여'를 주장하고 있지만, 여기서 말하는 '천'이란 것은 범신론적인 천을 의미하며, 거기에는 내적인 성찰을 통해 인식된 '천'과 일체가 된다는 발상이 담겨 있다. 일반적으로 동학을 양반관료가 믿고 있던 주자학에 대항하여 형성된 것으로 평가하는데,[27] 이러한 '천'의 관념은 오히려 주자학의 '천리(天理)'와 가깝다고 할 수 있다.

최제우의 사상이 가진 이러한 측면은 1864년 그가 죽은 후 2대 교주 최시형과 3대 교주 손병희(孫秉熙 : 1861~1922)를 중심으로 하는 지도부의 사상에서 계속 이어졌다. 최시형은 범신론적인 '천'을 좀더 세속화시켜 원리적으로는 모든 사물에 천령이 깃들어 있다고 설명하였고, 손병희는 유명한 '인내천(人乃天)'이라는 말을 만들어 내어 평등사상을 이념적으로 철저하게 하였다. 이에 따라 최제우가 죽은 이후 동학은 내성주의(內省主義)를 더욱 강조하게 되었다. 때문에 현실에서는 지상천국의 도래를 우선시하였고, 갑오농민전쟁에 대해서도 그들은 소극적인 태도를 계속 취했던 것이다. 이러한 노선 위에서 동학 정통의 사상이 확립되게 된 것이었다.

지금까지 동학의 사상이라 하면 자연히 위와 같은 흐름 속에서 설명하였다. 그러나 이미 서술했듯이 조경달에 따르면, 동학에는 이러한 정통사상과는 달리 이단으로 부를 만한 또 하나의 사상이 있었다. 그것은 1890년대에 접어들면서 지도부를 중심으로 하는 '북접파(北接派)'에 대항하면서 형성된 '남접파'의 사상에서 두드러지게 드러나게 되는데, 그 원류는 동학을 창시한 최제우 자신의 사상에서 구할 수 있다.[28]

최제우가 주자학적인 '천'과 더불어 유일하며 절대인 존재로 인격화시킨 '천'(천주·상제)의 관념을 함께 가지고 있었다는 것은 자신을 '상제'의 명을 받아 그것과 하나가 된 정령을 가진 존재로서 인식했다는 데서도 엿볼 수 있다. 그것은 '상제'의 구체적인 존재를 창시자인 최제우라는 개인에게서 보고 있었던 최시형한테서도 나타날 수밖에 없다. 그러나 이미 서술했듯이 범신론적인 '천'을 계승하고 있었기 때문에 충분히 발전시킬 수 없었다.

인격화된 '천'이란 관념은 오히려 1871년(고종 8)에 일어난 '이필제(李弼濟)의 난'에서 선명하게 제시된다. 이 반란은 동학교도였던 몰락양반 이필제(1825~1871)가 조선왕조를 대신하여 정씨 왕조가 올 것이라 예언한 책으로 조선왕조 중기 이후 민간에 널리 퍼졌던 《정감록(鄭鑑錄)》의 기술에 기초하여 자신을 '진인(眞人 : 참된 도를 체득한 사람)'으로 여기고, 조선왕조를 타도하기 위해 경상도에서 거병한 사건으로 알려져 있다.[29] 그런데 이때 사상적인 근거가 된 것은 '천명을 받은 사람'으로서 자각한 것이며, 이 자각에 기초하여 그는 독자적인 의식을 동학교도 앞에서 했다고 전해진다.

그는 동학을 해석하면서 '수심정기'보다는 '상제'와 하나가 되는 것이 가능하다는 쪽으로, 지상천국의 실현도 반드시 어려운 도를 필요로 하지 않는다는 쪽으로 생각하고 있었다. 이는 분명 최시형 등과는 다른 이단적인 해석이었다. 이 반란은 결국 경상도 일부로만 확산되었을 뿐, 이필제가 정부에 체포됨으로써 실패로 끝나고 만다. 그러나 일시적이나마 이단적인 사상이 동학교도를 움직이게 했다는 것은 최시형 등에게 커다란 교훈으로 남게 되었다.

이필제의 난이 일어난 후 동학은 일단 쇠퇴하지만, 민비정권의 부패가 심해진 1890년대에 들면 다시 확대하기 시작한다. 그러나 그것은 이단적인 사람들의 확대과정이었으며, 이때 최시형 등(북접파)에 대항하여 남접파가 형성되게 된 것이다. 남접파의 중심인물은 서장옥(徐璋玉 : ?~1900)이라는 사람이지만, 사상적으로는 오히려 1892년(고종 29) 무렵에 입단한 뒤 곧이어 갑오농민전쟁의 지도자가 된 전봉준(全琫準 : 1854~1895)에 의해 확립되었다고 보는 것이 옳다.

전봉준은 정부군과 영웅적인 전투를 치르면서 훗날 '녹두장군(綠豆將軍)'이라는 애칭과 함께 알려지게 된 인물이지만, 정리된 저작이 남아 있지 않고, 경력 또한 분명하지 못한 점이 많다. 따라서 그의 사상은 오직 거병할 때 쓴 〈무장동학배포고문(茂長東學輩布告文)〉과 일본군에게 체포된 후 관헌에게 취조를 받으면서 만들어진 〈전봉준공초(全琫準供草)〉, 그리고 당시 《도쿄 아사히신문(東京朝日新聞)》에 연재된 심문기록 등 단편적인 사료를 통해 해명할 수 있다. 여기서도 주로 이들 사료에 기초할 것이다.

전봉준이 이필제의 생각을 계승하고 있었다는 것을 볼 수 있는 것으로 '천'의 관념이 있다. 남접파의 주문(呪文)에는 북접파와는 달리 '천주'에 해당하는 부분이 '상제'로 바뀌어 있다. 〈전봉준공초〉에서 그는 "너 역시 동학을 매우 좋아하는가"라는 질문에 대해 "동학은 곧 수심경천(守心敬天)의 도이기 때문에 매우 좋아한다"고 답하고 있다. 여기서 말한 '천' 또한 구세주인 '상제'를 지칭한다고 생각된다. 전봉준에게 동학이란 결국 '사람의 마음 속에 신령이 있음을 바로 깨달아[直覺], 상제의 존재와 깊이 통하게 되는 것[造化定]'으로 믿었기 때문이다. 이처럼 엄격한 수양과는 거리가 먼 사람도 '바로 깨달음'을 통해 그것과 맞먹는 경지에 이를 수 있다고 해석함으로써 전봉준 또한 이필제와 마찬가지로 농민을 변혁주체로 파악할 수 있었던 것이다.

그러나 다른 한편, 전봉준은 가령 '상제'의 존재와 통할 수 있다고 하더라도 자신이 그것을 대신할 수 없다고 함으로써 '천' '상제'는 어디까지나 상위규범으로서 계속 남게 된다. 이 점에서 그의 사상은 엄격한 수양 끝에 '천인일여'를 통해 천(상제)이 소멸되어 버리는 동학 정통과 자신이 '진인'이 되어 '상제'와 완전하게 하나가 됨으로써 천(상제)이 소멸되어 버리는 이필제의 사상과는 대조적이었다. 결국 그는 '상제'와 가장 가까운 지상의 존재를 국왕으로 보았으며, 이 '상제'와 국왕의 연결이 현실의

세도정치를 원리적으로 부정하는 '일군만민' 사상을 만들어 냈으리라 생각한다.[30]

　따라서 그는 조선왕조를 뒤엎기 위해 전쟁을 일으킨 것은 아니었다. 당초 그는 이 사상을 제시하면서 제소(提訴)라는 합법 수단을 통해 동학을 공인받으려고 했으며, 1892년부터 이듬해에 걸쳐 전개된 '교조신원운동'에서는 전봉준이 서장옥 등과 함께 중요한 역할을 한 것으로 알려져 있다.[31] 당시 조선에서는 근대적인 재판제도가 아직 도입되지 않아, 수령과 관찰사가 여전히 지방의 행정권과 사법권을 모두 장악하고 있었다. 따라서 그는 우선 전라도와 충청도의 관찰사에게 소장(訴狀)을 제출하였다. 이것이 실패로 끝나자 1893년 3월에 40명 정도의 동학교도가 서울 광화문 앞에 모여 최제우의 신원(伸冤)을 호소한다는 이름 아래 이미 금지되고 있었던 민의 고통, 즉 민은(民隱)에 관한 상소(이를 伏閤上疏라 한다)를 시도하였다.

　동학교도의 한 사람이었던 박광호(朴光浩 : ?~?)가 고종에게 낸 상소는 "도의 수령들은 백성 보기를 초개(草芥)와 같이 하고, 향간(鄉奸)의 토호들은 동학교인 대하기를 재화(財貨)의 우물처럼 여겨 주구(誅求)와 수탈이 끊이지 않습니다"(오지영, 《동학사》)라고 하여 수령의 수탈을 고발하였다. 한편 "먼 옛날 성제명왕(聖帝明王)이 네 문을 열고 은총을 내려 만물로 하여금 그 성(性)을 이루지 못함이 없게 하여 일부(一夫)로 하여금 원하는 바를 모두 얻게 한 것은 오직 천명을 공경하고 천리를 따르며 백성의 고통을 어루만지고 민심을 원함에 있을 뿐"(같은 책)이라 하여 고종을 '성제명왕'에 비견하는 국왕으로 보았듯이 '일군만민'과 관련된 사상이 이미 나왔다는 점에서 주목된다.

　뒤에 서술했지만 고종에게 올린 이 상소는 고종의 마음을 움직이게 했으나 동학을 엄히 처벌하라고 요구하는 신하의 반대도 있어 결국에는 받아들여지지 못했다. 그 이후 남접파는 북접파와는 별도로 전라도 금구집회(金溝集會)를 거쳐 1894년 2월에 농민을 이끌고 전라도 고부에서 봉기하기에 이르렀다. 그런데 봉기를 일으킨 이 시점에서도 전봉준은 여전히 '일군만민' 사상을 가지고 있었다고 생각한다. 왜냐하면 그는 거병 직전인 1월에 쓴 〈무장동학배포고문〉에서 거병의 목적을 다음과 같이 밝히고 있기 때문이다.

　지금 우리 임금은 인효자애(仁孝慈愛)하고 총명한지라. …… 오늘날 신하된 자는 보국(報國)은 생각지 아니하고 부질없이 녹위(祿位)만 도적질하여 총명을 가리고 아부와 아첨만을 일삼아 충간하는 말을 요언(妖言)이라 하고 정직한 사람을 비도(匪徒)라 하여 안으로는 보국(輔國)의 인재가 없고 밖으로는 백성을 학대하는 관리가 많도다. 민의 마음은 날로 흐트러져 생업을 즐길 수 없고, 나아가 몸을 보존할 계책이 없도다. …… 전국이 어육(魚肉)이 되고 만민이 도탄에 빠져 있다. 수령의 탐학이 있는 바, 어찌 백성이 곤궁치 않을 수 있겠는가. 백성은 나라의 근본이니, 근본이 쇠약해지면 나라 역시 쇠퇴한다. 보국안민의 방책은 생각지 않고 서울 밖에 좋은 집을 마련하여 자기만 온전할 것을 도모하고 오로지 벼슬과 녹만 훔치려 하니 이 어찌 도리라 할 수 있겠는가. 비록 우리가 초야의 유민이지만 임금의 땅에서 먹고 임금의 옷을 입는 자로서 국가의 위망을 좌시할 수는 없다. 전국의 백성이 한마음이 되고 수많은 백성들이 상의하여 지금 의로운 깃발을 올리니, 보국안민으로써 생사의 맹세를 삼는다.

이 창의문(倡義文)에서는 민비정권에 대한 비판과 중간세력 배제를 주장하고 있다. 비슷한 주장이 "전라도의 탐학을 없애고, 지방관에게 관직을 파는 권신을 몰아내면 팔도가 자연히 하나가 될 것"이라고 서술한 〈전봉준공초〉와, "다만 우리들의 최종 목적은 우선 민씨 일족을 쫓아내고, 사악한 간신배를 몰아내어 악정을 개혁하는 데 있다"고 서술한 심문기록에서도 보인다. 그러나 동시에 주목해야 할 것은 위와는 대조적으로 고종을 분명하게 '인효자애하고 총명'하다고 한 점이다. 고종에 대한 전봉준의 시선은 때로는 '옥체'라는 표현도 사용했듯이 시종 따스했고 존경에 찬 것이었다. 여기서 아래로부터의 '일군만민' 사상이 확립된 것이라 할 수 있다.

따라서 전봉준의 사상은 동학 정통보다는 오히려 정약용의 사상에 가까운 것이었다. 사실 여기에는 정약용의 사상적 영향이 있었다고 생각된다. 왜냐하면 정약용이 유배되었던 전라도 강진에서는 《경세유표》 등의 저작이 '정다산비결(丁茶山秘訣)'이라는 이름으로 동학 관계자에게 전해졌으며, 전봉준 또한 그것을 읽은 흔적을 볼 수 있기 때문이다.[32] 그러나 정약용은 정조의 '일군만민' 사상을 계승하면서도 다른 한편으로는 관제개혁과 지방행정의 개혁을 통해 군권을 지탱하는 신하의 양성을 바라고 있었다. 이에 반해 전봉준의 '일군만민' 사상은 세도정치가 계속되는 한 그러한 개혁은 성공할 수 없다는 것이 분명했던 시

점에서 나온 것으로, 말 그대로 신권을 원리적으로 부정했다는 점에서 정약용과는 달랐다.[33]

물론 이러한 전봉준의 사상이 갑오농민전쟁에 참가한 모든 동학교도 사이에서 공유되고 있었던 것은 아닐 것이다. 다만 이 전쟁에서 농민군이 10개월에 걸친 정부군과의 교전에서 한때는 전라도 일대를 장악할 정도의 세력을 가질 수 있었던 배경에는 19세기를 통해 지속된 안동김씨와 여흥민씨의 세도정치 속에 그들 사이에는 다시 정조와 같은 탁월한 지도력을 가진 국왕을 바라는 기운이 커져 가고 있었기 때문이라고 생각된다. '일군만민'의 사상이 결코 전봉준 한 사람에게만 있었던 것은 아니었을 것이다.

그렇다면 이처럼 밑으로부터의 기운을 접한 고종은 실제로 어떠한 대응을 보였을까. 앞에서 서술했듯이 교조신원운동과 고부봉기를 맞아 고종은 동학에 대한 엄격한 처벌과 토벌을 요구하는 신하의 상소를 받아들였지만, 주의해야 할 것은 고종이 신하들과는 대조적으로 동학에 대해 반드시 나쁜 감정을 갖고 있었던 것은 아니었다는 점이다. 즉 광화문 앞의 복합상소에 대해서는

상소문은 매우 조리가 있다. 고서에도 '백성을 교화하여 풍속을 세움에 반드시 강학(講學)에 따라 이 도를 분명히 한다면 무엇을 걱정하겠으며, 사설(邪說)에 눈멀겠는가'라고 하지 않는가. 이는 조정에게 신중해야 할 바가 있음을 자연히 가르쳐 준 것이다.(오지영, 《동학사》)

라 말해, 상소의 내용을 이해하고 있음을 보여준다. 그리고 고부의 봉기 소식을 접해서도

만일 관리가 수탈하지 않았다면 어찌하여 민란이 일어났겠는가. 생령(生靈 : 민중)으로 하여금 수탈을 참지 못해 오늘과 같은 지경에 이르게 하였으니 생각하면 할수록 가슴 아플 뿐이다. 이러한 관리는 반드시 엄히 다스릴 것이다.

라 하여 신속한 토벌을 꺼리고 있었다. 여기에는 고종 자신의 정치사상에다 동학 이단이 끼친 영향도 있었으리라 생각하는데, 이 점에 대해서는 다음 장에서 상세하게 검토하고자 한다.

4. 같은 시대의 일본 Ⅱ
— 메이지천황의 순행과 행차

앞 절에서 조선왕조를 분석했는데 동시대의 일본은 어떻게 파악할 수 있을까. 에도시대의 상황에 대해서는 이미 다루었기 때문에, 여기서는 막말에 대두한 '일군만민' 사상의 흐름을 실현시킨 유신변혁(維新變革)에서 그 사상이 우여곡절을 겪으면서, 한편으로는 변질되어 메이지국가의 정통 이데올로기로 정착되고, 다른 한편으로는 기타 이키(北一輝 : 1883~1937)로 대표되는 국가사회주의로 전환하는 메이지 30년대까지의 일본 상황을, 특히 메이지천황(明治天皇 : 1852~1912, 재위 1866~1912)의 활동과 관련하여 간단하게 검토하고자 한다.

1868년 음력 12월(慶應 3), 왕정복고령(王政復古令)에 따라 성립된 신정부는 막번체제의 폐단을 개선하고, 이어 유신변혁을 추진하고 있었다. 앞 장에서도 언급했듯이 '공의여론(公議輿論)'과 결합된 '일군만민' 이념에 기초하여 막번체제 아래서 비정상적인 형태로 발달한 억압과 복종의 연결고리를 끊어내고, 상하의 언로를 열어 건언상서(建言上書)를 장려한 것도 그 하나이다.

이는 왕정복고령에서 다음과 같은 내용을 발표한 데서도 알 수 있다.

낡은 폐단을 없앴으니 아랫사람이 윗사람에게 말할 수 있는 길을 열어 놓는다. 생각이 있는 자는 신분이 높고 낮음을 막론하고 기탄 없이 말하라.[34]

나아가 1868년 음력 2월(慶應 4)에 당시 사법사무를 담당했던 관청인 '형법사무국'에서 기초한 형사 담당관의 지침서인 〈가형률(假刑律)〉에서는 다음과 같은 규정이 있어 주목된다.

만일 천황의 행차를 기다렸다가 그 행렬 밖에서 엎드려 면죄를 호소하는 것을 금지하지 않는다. 월소(越訴)의 죄를 면해 주어 민의 고통을 전하게 하라.[35]

즉 메이지유신 직후에 제정된 법전에서는 천황이 행차할 때 행렬 밖에 있는 한 직소하는 것을 허락하고 있다. 앞 장에서 서술한 에도시대의 상황을 생각하면 이것은 매우 획기적인 변화였다.

같은 달에는 신정부가 행정당국과 관리의 부당행위, 그리고 면죄를 호소하는 백성을 위해 만든 구제조치로서 교토시(京都市)에 메야스바코(目安箱)를 설치하기로 결정하였다. 그 후 1869년(明治 2)에 걸쳐, 오사카·도쿄 등의 부(府)·번(藩)·현과 숙역(宿驛), 같은 해 태정관(太政官)의 자문기관으로 개설된 '공의소

(公議所)', 역시 같은 해에 개설되어 호적·조세·광산·지방행정 등을 관장한 '민부성(民部省)', 그리고 같은 해 경찰기관으로 설치된 '탄정대(彈正臺)' 등의 중앙관청에도 잇달아 메야스바코가 설치되었는데, 역시 에도시대와는 대조적으로 크게 활용되었다. 교토시에 설치된 메야스바코에서만 1869년 음력 4월부터 이듬해 10월까지 모두 1,447통의 소장을 검열했다는 사실로도 알 수 있을 것이다.[36] 여기서 겨우 '언로동개' '하의상달'이 현실화되었으며, 18세기의 조선왕조와 유사한 '일군만민'적인 정치상황이 생겨났다고 볼 수 있다.

그렇다면 그러한 정치상황을 국왕 스스로 만들어 낸 조선왕조와는 달리, 유신변혁은 천황과 조정이 자신의 힘으로 만들어 낸 것은 아니었다. '일군만민'을 주창한 것은 천황 자신이 아니라, 존왕양이 사상을 내건 지사(志士)들이었고, 그 결과 나온 것이 자신의 정치적 의사를 갖지 못한 16세의 '어린 왕자[山內豊信]'였다. 주지하듯이 변혁을 추진한 이와쿠라 도모미(岩倉具視 : 1825~1883)나 사쓰마(薩摩)·조슈(長州)의 지도자들은 천황을 '옥(玉)'이라 부르면서 자유롭게 조작, 이용하고 있었으며, 예를 들어 '언로동개'를 실현하더라도 '하의상달'의 대상을 천황으로까지 확대하는 것은 불가능하다는 것을 잘 알고 있었다.

그러나 그들은 동시에 유신변혁의 상징으로서 천황의 역할을 중시하고 있었다. 에도시대처럼 "주상이 있는 곳을 운상(雲上)이라 하여, 운상인(雲上人)이 공경(公卿)을 불러도 용안을 뵙기 어렵다고 생각하고, 옥체는 한 뼘의 땅을 밟지 않는"(大久保利通, 〈大坂遷都建白書〉) 관습이 계속되고서는 사람들에게 새로운 시대가

왔음을 알게 할 수 없었다. 가령 허구이긴 하나 유신변혁의 배후에는 천황이 있다는 것을 사람들에게 구체적으로 인식시키는 것이야말로 신정부의 정통성도 보장받는 것이었다. 바로 이 때문에 천황이 궁궐[御所]에서 밖으로 나가 그 존재를 과시하는 행차가 갑자기 중요성을 띠게 된 것이다.

천황이 궁궐 밖으로 나간 것은 근세 시기에는 고메이천황(孝明天皇 : 1831~1866, 재위 1846~1866)부터이지만 그 범위는 겨우 교토 주변에 머물렀다. 그러나 메이지천황은 1868년 3월에 오사카로 간 데 이어, 같은 해 11월에는 최초로 도카이도(東海道)를 거슬러 올라가 에도성에 입성, 그 이듬해 1월에 일단 교토로 돌아왔다가 4월에는 다시 올라갔다. 가는 도중에 이세신궁(伊勢神宮)에 들르는 등 고메이천황과는 비교할 수 없을 정도의 거대한 행차를 일찍부터 계속 실시하고 있었다.

이러한 행차는 물론 천황 자신이 의도한 것이 아니고, 사람들에게 새로운 지배자의 등장을 시각적으로 인상지워 주기 위해 신정부가 교묘하게 계획한 하나의 거대한 야외극이었다.[37] 따라서 가형률(假刑律)의 규정이 있긴 했으나, 길가에서 사람들의 호소를 듣는다는 것은 당초부터 상정되지 않았고, 또한 실제로 직소가 있었다는 사례도 확인되지 않는다.

앞서 소개한 메야스바코의 경우도 신정부와 각 번·부·현 등의 담당자는 보았지만, 에도시대의 쇼군 요시무네(吉宗)와 이에나리(家齊)처럼 천황이 직접 이것을 열어 본 것은 아니었다. 결국 '하의상달'의 범위는 겨우 정부와 지방의 관료 차원에 국한되었던 것으로, 이미 서술했듯이 천황은 상정되지 않았다. 이런

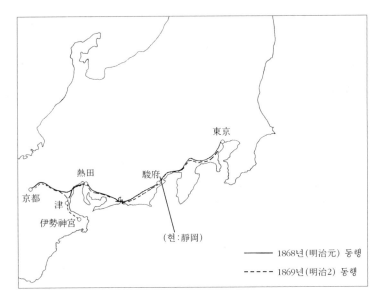

메이지천황의 동행(東幸)

점에서 당시 일본에서도 있었지만, 행차 도중에 상언과 격쟁이 몇 차례 일어나고 그것을 국왕이 직접 다루었던 18세기의 조선왕조와는 중대한 차이가 있었다.

　그러므로 메이지유신 직후의 변혁은 새로운 관료기구에 기초하여 법령과 재판제도가 정비되기까지 일시적이며 과도적인 것에 지나지 않았다는 것이 이제 분명해질 것이다. 1870년(明治 3)에는 가형률 대신 새로운 법전으로서 〈신률강령(新律綱領)〉이 당시 중앙사법기관이었던 '형부성(刑部省)'에서 기초되어 내외에 반포되었다. 거기서는 가형률에서 인정한 천황에 대한 직소가 다음 2개 조항으로 금지되었다.

천황의 가마가 행차하는 곳은 근시(近侍)나 호가(護駕)하는 관군을 제외한 나머지 군인과 민간인은 모두 피해야 한다. 감히 의장행렬 안으로 돌입하는 자는 곤장 100대에 처한다(職制律).[38]

모든 하급관리나 군인, 민간인이 상소할 경우 본관의 관사(官司)를 거치지 않고 직접 상부 관사에 월소하는 자는 상소의 효과가 있다 하더라도 볼기형 30대에 처한다(訴訟律).[39]

이 두 가지 조항으로 직소가 정당하다 하더라도, 월소라고 간주되고 게다가 행렬 안에서 직소를 시도할 경우에는 더욱 엄한 형벌이 가해지게 되었다.

이어 1871년(明治 4)에는 형부성과 탄정대가 모두 폐지되고 새로운 사법기관으로 '사법성'이 신설되었으며, 또한 건백서(建白書)를 접수하는 기관으로 태정관 속에 '좌원(左院)'이 신설되었다. 개혁을 향한 이러한 움직임은 1872년(明治 5) 에토 신페이(江藤新平 : 1834~1874)가 사법성의 장관인 '사법경(司法卿)'에 취임함으로써 더욱 가속화된다. 즉 에토는 전국에 부현재판소(府縣裁判所)를 설치하여 각 부현의 재판권을 박탈함으로써 사법을 행정에서 독립시키는 한편, 행정소송의 길을 열어 사람들이 지방관의 부정 등을 좌원에 호소할 것을 장려한 것이다.[40] 이 때문에 쓸모없게 된 메야스바코는 1873년에 폐지되었다.

이처럼 일본에서는, 19세기를 통해 구제도가 기본적으로 유지되었던 조선왕조와는 달리, 메이지유신 이후 몇 년이 채 안되어 근대적인 사법개혁이 단행되어 천황은 물론 정부와 부현도 재판권을 갖지 못하게 되었다. 그러나 이것은 천황이 직접 정치를 한다는 사상까지 완전히 없애버렸다는 것을 뜻하지는 않는다. 그것은 군덕배양(君德培養)과 천황보도(天皇輔導)에 열심이었던 오쿠보 도시미치(大久保利通 : 1830～1878)가 후원하여 궁중에 만든 '시독(侍讀)'이라는 제도를 검토해 보면 분명해진다. 시독은 정부에서 천황의 교육을 담당하도록 특별히 선발한 전문가를 말한다. 그 과목으로 정해진 양학·국학·한학의 담당자는 각각 가토 히로유키[加藤弘之 : 1836～1916. 뒤에 니시무라 시게키(西村茂樹)로 교체], 후쿠바 비세이(福羽美靜 : 1831～1907), 모토다 나가기네(元田永孚 : 1818～1891)였다.

여기서 문제가 되는 것은 1871년(明治 4)에 왕실·왕족·귀족의 사무를 다루는 '궁내성'에 들어가 한학을 시독[1875년에 '시강(侍講)'으로 개칭]한 모토다이다. 모토다는 구마모토번(熊本藩)에서 일한 유학자로 시독에 임명되자 《논어》와 《서경》 강독을 통해 천황에게 '군주로 하여금 요순이 되게 하고, 그 백성으로 하여금 요순의 백성으로 삼으려는'[41] 것을 분명하게 말하였다. 이 광경은 모토다가 과거(科擧)로 선발된 관리가 아니라는 점만을 빼면, 그 자신이 자부했듯이 신하가 국왕에게 유교경전을 강의하는 일이 많았던 18세기까지의 조선왕조 경연과 비슷하다고 할 수 있다.

시독에서 가장 중요한 천황이 모토다에게서 열심히 제왕학(帝王學)을 배웠느냐 하면 반드시 그렇지는 않았다. 적어도 그 효과는 시강을 대신하여 시보(侍補)제도가 신설된 1877년(明治 10)까지는 나타나지 않았다. 당시의 천황은 오히려 취미로 승마를 즐기고 있었다고 전해진다. 이 부분에서는 적어도 말 그대로

무(武)를 좋아하는 군사지도자다운 일면이 나타나고 있었다 해도 좋을 것이다. 천황의 신체는 1871년 이후 빠른 속도로 강건해져, 성인을 맞은 1872년의 긴키(近畿)·주고쿠(中國)·시코쿠(四國)·규슈(九州) 순행부터는 군복을 개량한 정복을 입었고, 1873년에는 단발하고 화장도 지웠다.[42] 이 해 4월에는 인반현(印旛縣) 지바군(千葉郡) 야마토다촌(大和田村 ; 지금의 지바현 야치와시)에서 근위병 2,800명을 기마로 직접 인솔했는데, 그 이후 이 지방 일대가 '나라시노(習志野)'로 불리게 된 것은 유명한 일화이다. 그 후에도 천황은 군사훈련과 승마를 되풀이하는 등 계속해서 단련을 게을리하지 않았다.[43]

그러나 이러한 대원수(大元帥)다운 모습이 사람들 사이에 침투된 것은 뒤에 언급하겠지만 먼 훗날의 일이었다. 형식적이나마 근대적인 재판제도가 정비되고 군사훈련이 본격적으로 실시된 1870년대에 들어, 사람들은 오히려 천황을 정치적인 의사를 가진 한 사람의 지배자로 의식하기 시작한 것이다. 이 시기에 이르러 당연히 법적으로 금지되었던 천황에 대한 직소가 나타나게 된 것은 바로 이 때문이었다.

천황은 군사지휘를 하는 한편, 변함없이 대규모의 순행을 계속하고 있었다. 민정시찰을 목적으로 한 이 순행은 1876년(明治9)에 도호쿠(東北)·홋카이도(北海道), 1878년에 호쿠리쿠도(北陸道)·도카이도(東海道), 1880년에 야마나시(山梨)·미에(三重)·교토, 1881년에 야마가타(山形)·아키타(秋田)·홋카이도를 각각 주요 목적지로 하고 있었다. 이들 순행으로 천황은 교토 동쪽에 있는 동일본의 주요 도로를 거의 지난 셈이다.

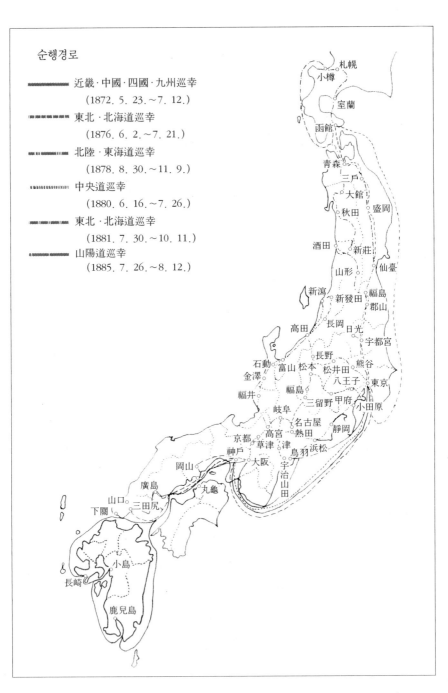

순행경로

━━━━━━ 近畿·中國·四國·九州巡幸
　　　　　（1872. 5. 23.～7. 12.）
━━━━━━ 東北·北海道巡幸
　　　　　（1876. 6. 2.～7. 21.）
━━━━━━ 北陸·東海道巡幸
　　　　　（1878. 8. 30.～11. 9.）
━━━━━━ 中央道巡幸
　　　　　（1880. 6. 16.～7. 26.）
━━━━━━ 東北·北海道巡幸
　　　　　（1881. 7. 30.～10. 11.）
━━━━━━ 山陽道巡幸
　　　　　（1885. 7. 26.～8. 12.）

札幌
小樽
室蘭
函館
青森
三戶
大館
秋田
盛岡
酒田
新莊
山形
仙臺
新潟
新發田
福島
郡山
高田
長岡
日光
宇都宮
長野
石動
富山
松本
松井田
熊谷
金澤
八王子
東京
福井
福島
三留野
甲府
小田原
岐阜
名古屋
京都
高宮
熱田
靜岡
神戶
草津
津
浜松
岡山
大阪
宇
治
山
田
鳥羽
廣島
丸龜
山口
下關
三田尻
小島
長崎
鹿兒島

메이지천황 6대 순행도(多木浩二, 《天皇の肖像》)

순행은 천황을 맞이하는 지방의 사람들에게 종종 경제적인 부담을 가져다 주긴 했으나, 그 이상으로 일종의 복음이기도 하였다. 건백서 수리기관인 좌원이 설치되었다고는 하나, 일부러 도쿄까지 가야만 하는데다 좌원에 호소할 때는 많은 제약이 따랐으며 번잡한 절차를 요하는 등 그들에게는 혜택이 적었다. 그에 비해 천황이 민정을 알고, 민의 생활고를 묻기 위해 직접 이쪽으로 오고 있다 — 사람들은 천황의 의사를 그렇게 받아들이고 있었던 것이다. 직소가 일어난 것은 이러한 순행길에서였다.

물론 직소가 일어난 수는 직소가 합법화된 조선왕조와는 비교가 되지 않을 만큼 적었다. 그러나 가령 1880년의 순행에서는 야마나시와 아이치(愛知)에서 직소가 발생한 것 외에도, 국회 개설을 천황에게 청원해야 한다는 의견이 당당하게 신문에 실리는 등 천황에 대한 직소를 긍정적으로 보는 견해가 확산되고 있었다.[44] 또한 뒤에 다룰 '시보' 사이에서도 직소를 허용하자는 견해가 있었는데, 그 가운데 한 사람으로 1878년의 순행을 수행한 사사키 다카유키(佐佐木高行 : 1830~1910)가 일기에서 "시보의 생각으로도 민간의 고통을 들어주신다면 누구라도 찾아와 말하는 일이 가능하리라 예상합니다"(〈保古飛呂比〉)라고 쓴 데서도 잘 알 수 있다.

그러나 실제로 이런 의견은 받아들여지지 않고, 〈신률강령〉에 기초하여 직소를 단속하였다. 도호쿠·홋카이도 순행이 연이어 추진된 1876년 2월에 태정관이 사(使 : 開拓使, 지금의 홋카이도)와 부현에 다음과 같은 지시를 내렸는데, 순행 도중에 사람들이 직소를 하지 못하도록 철저하게 주지시키고 있었다.

근래 순행하는 도중에 갑자기 행렬 안으로 들어와 소장이나 건언서 따위를 내는 자가 자주 있다. 이는 국법에서 분명하게 밝힌 뜻(직소 금지 — 역자)에 따라 이후 일어나지 않도록 특히 주의하시고, 소민(小民)들이 사정이 절박한 나머지 잘못된 생각으로 마침내 죄를 짓게 되어 불쌍한 처지에 빠지게 되는 바, 앞으로는 이런 그릇된 생각을 가진 자가 없도록 깨우쳐 주시기를 바랍니다.[45]

또한 1878년에는 호쿠리쿠도와 도카이도 순행을 대비하여 순행길에 들르는 니가타현(新潟縣)에서 다음과 같은 도로단속 방침도 내려졌다.

미개한 민이나 어리석은 자가 아니고서는 순행 때 직소 따위를 하지 않지만, 지역을 벗어나서 소송하는 일이 매우 많다. 따라서 이런 일이 절대 일어나지 않도록 더한층 주의하고, 소송 따위를 좋아하는 자들의 행동을 정탐해 두어 불합리한 일이 일어나지 않도록 주의할 것.[46]

여기서는 직소가 '미개한 민이나 어리석은 자' 때문에 일어난다는 표현을 사용하고 있어 특히 주목된다. 이것은 아마도 당시 고양되고 있던 자유민권운동을 의식한 표현일 것이다.

1880년에 제정 공포된 〈형법전〉에서는 '황실에 대한 죄'로 제116조의 대역죄와 함께 제117조의 불경죄를 다음과 같이 규정하였다.

천황·삼후(三后)·왕세자에 대해 불경스런 행위를 한 자는 3개월 이상 5년 이하의 금고에 처하고, 20엔 이상 200엔 이하의 벌금을 부가한다.[47]

이 초안은 프랑스 사람 보앙나드(1825~1910)가 프랑스 법전의 불경 조항을 참고하여 만든 것인데, 일본측 관료가 불경죄의 대상으로 상정하고 있었던 것은 직소와 같은 것이었다고 한다.[48] 직소가 마침내 불경죄의 대상으로 되어 버린 것이다.

이렇게 해서 천황은 일반 사람과 접촉할 수 있는 유일한 기회인 행차에서도 대화의 가능성을 박탈당하고 있었다. 그 결과 행차는 점점 천황의 '위광'을 과시하는 야외극이라는 성격을 강하게 띠게 된다. 직소가 엄하게 금지됨에 따라 천황을 맞이하는 사람들의 마음속에 과거 에도 시절 쇼군과 다이묘의 행렬을 맞을 때의 기억이 되살아나는 것은 아마도 당연한 일이었다. 1880년의 순행에서 천황에 대한 직소가 일어났는데, 그 기억을 갖고 있었던 사람들이 이미 있었다는 것을 다음 회상이 잘 대변하고 있다.

나는 도착하기 30분 전쯤부터 사토미이에(里見家)의 문앞에 서서 기다리고 있었습니다. 사실 다이묘 행차 때 땅에 엎드려 절했던 관습이 있었기 때문에 일반 사람들은 어떻게 절하고 있는 게 좋을지 몰라 엉거주춤해 있자, 경관이 "쭈그려 있지 말고 서서 절해라"고 말했습니다. 이때 비로소 유신(維新)과 함께 절하는 양식도 변했구나 생각하면서 감동했습니다.(大室市五郎 編,《明治天皇府中行在所謹話錄》)

이것은 당시 고슈(甲州) 길가의 부중숙(府中宿)에서 천황을 맞았던 나이토(內藤愛輔)라는 사람의 회상인데, 땅에 엎드려 절하던 관습이 변한 것을 통해 천황에 대한 존경심을 보이고 있음을 알 수 있다. 여기서는 이미 천황을 고유한 의사를 가진 한 사람의 존재로 보는 관점은 없다. 앞의 '같은 시대의 일본 I'에서 서술한 '권력편중'의 '유산'이라고 해야 할까. "근래에 들어 정부의 외형은 크게 바뀌었지만, 전제(專制)하고 억압하는 기풍은 지금도 여전히 있다"(《學問のすゝめ》)고 말한 후쿠자와 유기치의 지적은 그런 점에서는 정확했다고 할 수 있다.

　그러나 이 시기에 천황은 분명 정치적 의사를 가지고 있었다. 그런 뜻에서 천황을 의사를 가진 존재로 보는 것 자체가 반드시 틀린 것은 아니었다. 천황의 성장배경에는 역시 모토다의 존재가 있었다. 1877년 당시의 시독·시강을 대신해서 천황을 보좌하는 '시보' 제도가 만들어졌는데, 모토다가 계속해서 천황의 측근으로서 유교 강의를 맡게 되자 그 효과가 눈에 띄게 나타나기 시작하였다.

　모토다는 강의를 통해 스스로 이상적이라고 생각하는 성인상(聖人像)을 계속 천황에게 말하였다. 예를 들면 1878년의 《서경》 강의에서 그는 다음과 같이 말하고 있다.

　　순임금이 민을 다스리는 법은 부모가 자식을 사랑으로 키우는 것과 같았습니다. 그러므로 자식이 바라는 바, 자식이 말하고자 하는 바에 대해, 순임금 스스로 사방의 문을 열고 사방으로 눈을 뜨고 귀를 기울이며, 말하고 싶은 바를 말하게 하고, 원하는 바를 원하게 하도록 부추기고 또 부추겼습니다. 그래서 후세에 서양처럼 밑으로 부터 민이 오만불손해지는 일은 전혀 일어나지 않았습니다.[49]

성인과 민의 관계는 어버이와 자식 관계와 같다. 민이 힘써 주장하거나 요구하기에 앞서, 성인은 민이 무엇을 원하고 바라는가를 잘 파악하고, 그것에 알맞은 정책을 세우는 것이다. 이러한 해석에는 당시 확산되고 있던 자유민권운동을 의식해서, 그것에 대항하여 군주의 덕을 세우려고 하는 시대적 배경이 담겨 있지만, 유교적인 민본사상을 강조하면서 도덕적인 수양보다는 정치적인 실천을 중시한다는 점에서 정조의 해석과 통하는 바가 있었다. 그래서 모토다의 강의는 당시의 천황에게 적지 않은 영향을 주고 있었을 것이다.[50]

실제로 천황은 1878년 오쿠보가 암살된 이후 국정에 대한 발언을 자주 하였다. 시보가 직소를 받아들이려고 했던 이 해의 호쿠리쿠도·도카이도 순행에서는 천황 자신도 민의 곤궁함을 접하고 '절검애민(節儉愛民)'의 정책을 추구하고 있었다.[51] 천황이 단지 존경받는 역할에만 만족하고 있지 않았던 것이다.

천황의 정치적 성장은 모토다를 비롯한 시보 집단을 자극하였다. 그들이 자신의 사상을 실천에 옮기려 한 것이 1878년부터 1880년에 걸쳐 전개된 천황의 '친정운동(親政運動)'이다. 물론 그 배경에는 유교사상에 대한 천황의 소양이 깊어간 것이 있었다. 천황이 글을 남기지 않은 이상, 과연 얼마만큼 모토다가 말한 바대로 요순처럼 되고자 했는가는 분명하지 않다. 그러나 적어도 그럴 가능성은 있으며, 또한 그것을 지지하는 '신하'가 천황

주변에 형성되고 있었던 것이 바로 이 2년 동안이었다고 할 수 있다.

그렇지만 도쿠카와 일본과 마찬가지로 메이지 일본에서도 유교는 지배 이데올로기가 되지 못했다. 결국 천황의 친정운동은 궁중의 정치개입을 두려워한 이와쿠라 도모미와 이토 히로부미(伊藤博文 : 1841~1909)의 반대로 실패하고, 1880년에는 시보 제도도 폐지되고 만다.

시보 제도의 폐지에서부터 〈대일본제국헌법〉이 제정되기까지 1880년대의 천황의 활동에 대해서는 지금도 명확하게 연구되어 있지 않다. 적어도 모토다와 그의 지도를 받은 천황, 그리고 천황의 입헌군주화를 지향한 이토의 대립이 시보 제도가 폐지된 뒤에도 계속되고 있었음은 확실하나, 그 대립이 어느 정도였는가 하는 문제를 두고는 의견이 일치하지 않다.

1885년(明治 18) 내각제도가 발족한 것을 중시하여, 그때부터 천황은 모토다의 견해를 반대하고 이토에 접근하면서 점점 이토의 구상에 공감하게 되었다는 설이 있다(坂本一登, 《伊藤博文と明治國家形成》). 그렇다고 한다면 천황은 요순다움을 포기하고 분명하게 입헌군주주의자로 되었다는 말이 된다. 이에 대해 모토다의 사상적 영향이 그 후에도 지속되고 있었다는 반론이 있다(飛鳥井雅道, 〈近代天皇像の展開〉). 이 설을 받아들일 경우, 천황은 계속 이토에 대해 반감을 가지고 있었다는 말이 된다. 양쪽의 학설이 완전히 상반된 채 공존하고 있는 것이 지금의 상황이다.

그러나 천황 개인의 생각과는 달리 제도적으로 볼 때 이토가 지향한 천황의 입헌군주화는 착실히 진행되고 있었다. 1889년 (明治 22)에는 〈대일본제국헌법〉이 제정되어, 천황이 통치 주체가 되긴 하나 사실상 권력이 겹겹이 제한받는 수동적인 입헌군주가 되었고, 그 이듬해에는 제국의회도 열리기에 이르렀다.

이렇게 해서 1890년(明治 23) 무렵이 되면 제도적으로는 권력이 분리되는 체계가 확립되나, 다른 한편 그것과는 별도로 중요한 변화가 일어나고 있었다. 즉 헌법의 틀에 들어 있지 않은 군사·교육면에서 앞서 서술한 바와 같은 대원수 또는 '신(神)'으로서 천황상(天皇像)이 정착해 간 것이다. 1870년대에 이미 그 싹이 나타나기 시작했던 이 천황상은 1882년에 천황이 육·해 군인에게 내린 〈군인칙유(軍人勅諭)〉와 1890년에 천황의 이름으로 공포된 〈교육칙어(教育勅語)〉라는 두 가지 '교전(教典)'을 매개로 한꺼번에 침투하고 있었다. 천황 자신이 존경받는 존재로만 되는 것을 거부했다는 것도 그런 변화를 도운 한 원인이었다. 메이지 국가의 정통 이데올로기가 이런 방향으로 확정되어, 구노 오사무(久野收)가 말한 '천황의 국민'(《現代日本の思想》), 즉 '신민(臣民)'이라는 개념이 확립되었다는 것은 잘 알고 있을 것이다.

모든 국민이 천황에 대해 충성을 맹세하는 관계가 확립되었다는 뜻에서 그것은 분명 막말 이래 '일군만민'의 이념을 계승한 것이었다. 그러나 그것과 결부되어 있어야 할 '공의여론'은 이미 어디에도 보이지 않았다. 사람들은 볼 수 없는 천황과 실체가 없는 천황(이른바 '御眞影')에 대해 오로지 절대복종하는 태도를 강요받고 있었던 것이다.

물론 이 시기에도 천황은 곳곳에 순행을 하고 있었다. 그러나 동시에 순행의 형태 또한 크게 변하였다. 1890년 3월에서 4월에 실시한 사상 최초의 육해군 합동대훈련과 해군 관병식을 직접 통솔하기 위해 천황이 아이치현(愛知縣)과 효고현(兵庫縣)을 방문하고 있었는데, 이 행차는 두 가지 의미에서 획기적인 것이었다.

하나는 이 행차를 계기로 전시 등 특별한 시기를 제외하고 매년 10월 또는 11월에 천황(다이쇼 후기는 왕세자)이 육군 특별대훈련을 감독하기 위해 식민지를 제외한 전국 각지로 나가는 관례가 확립된 것이다. 이후 천황의 행차는 이런 감독을 중요한 목적으로 하게 된다. 또 하나는 마찬가지로 이 행차를 계기로 철도를 이용한 행차가 본격화된 것이다. 물론 그 당시에도 부분적으로는 철도[부름열차(お召列車)]를 이용했지만, 도카이도 노선에 있는 신바시(新橋)~고베(神戸) 사이를 철도로 이용한 것은 이때가 처음이었다. 이 때문에 직소는 물리적으로 불가능하게 되었는데, 그 이상으로 중요한 것은 철도가 수행한 '장치'라는 역할이다.

1880년대까지 가마와 마차를 이용한 행차에서는 사람들은 천황의 실질적인 시선을 의식하면서 그 행렬을 맞이할 수 있었다. 그러나 철도를 이용한 행차에서는 그 속도 때문에 천황을 본다는 생각을 가질 수 없게 되었고, 또한 철로 주변의 각 역에서 (실은 보지 못하지만) 보이는 부름열차를 향한 '절하기'가 강제되자 천황의 성스러움은 더한층 높아졌다.[52] 철로 주변의 각 역에서는 지방 유지 외에 많은 학생들이 동원되었고, 각자의 신분과 지위에 맞게 미리 배정된 장소에서 일제히 가장 정중한 경례를 하는 것이 관습으로 되었다. 그런데 그들에게 이 '절하기'는 바로 신체를 통해 정통 이데올로기를 습득하는 절호의 기회를 의미하였다. 이처럼 행차의 형태가 변함에 따라 천황상(天皇像)은 대원수 또는 '신'의 상징으로서 더욱더 널리 인식되어 갔다.

그런데 유일한 예외가 있다. 1901년(明治 34) 12월에 있은 다나카 쇼조(田中正造 : 1841~1913)의 직소가 그것이다.[53] 중의원 의원으로 아시오 동산(足尾銅山)의 광독(鑛毒)문제를 해결하는 데 심혈을 기울이고 있던 다나카는 의회를 통해 합법적인 방법으로 해결하는 것이 불가능하다고 판단하였다. 그래서, "당신만이 사쿠라 소고로(佐倉宗五郎)일 뿐"이라고 말한 언론인 이시카와 한잔(石川半山 : 1872~1925)의 말에서 미루어 알 수 있듯이,[54] 말 그대로 목숨을 걸고 개원식에서 돌아가는 천황에게 광독문제를 호소한 것이다. 이때는 사정을 고려하여 불경죄는 적용되지 않아 다나카는 석방되었으나 그에 대한 세간의 비난은 엄청나게 높았다.

그러한 때에 직접 직소장(直訴狀)을 작성한 고토쿠 슈스이(幸德秋水 : 1871~1911)가 〈신민의 청원권〉이라는 제목의 짧은 글을 《만조보(萬朝報)》에 실었다. 이 글에서 고토쿠는 천황에게 직소하는 것은 신민의 권리로서 다나카는 그것을 행사했을 뿐이므로 결코 불경에 해당하지 않는다고 하면서 다음과 같이 말했다.

지위도 관직도 없는 신민이 직접 폐하에게 청원하는 것을 금지한 다는 법령이 있다는 것을 듣지 못했다. 우리 헌법과 법률이 많은 부 분을 본뜬 유럽의 군주국에서도 그 신민이 군주에게 직접 청원하는 관례가 많고, 직접 편지를 제천황에게 보내거나, 군주의 가마가 밖 으로 나왔을 때 가까운 곳에서 직접 청원하고 있다.

우리 신민이 황실을 매우 존경하여 감히 가까이 하지 못하는 풍 습이 있긴 했으나 역대의 천황들은 자주 신민에게 직접 그 소원을 들었다.

만약 이 사이에 벽을 쌓아 신민이 직접 천황 폐하에게 청원할 수 없게 만든다면 이는 사실 군신(君臣)을 분리시키고, (폐하의) 총명 을 가두며, 민의의 상달을 막는 것이니 어찌 신하가 있겠는가.

이처럼 고토쿠는 다나카의 직소를 공공연하게 옹호했는데, 여기서 말한 '신민'은 그저 천황에게 절대복종만 하는 존재가 아니라는 것은 분명할 것이다. '일군만민'을 주창하면서, 동시에 '같은 시대의 일본 I'에서 서술한 바와 같은 구사카 겐즈이(久 坂玄瑞)와 마키 이즈미(眞木和泉)로 대표되는 막말의 '언로동개' 론을 답습한 특이한 사례를 여기서 볼 수 있을 것이다.

그러나 고토쿠의 이러한 생각은 천황 자신보다도 이미 정통 이데올로기를 신봉하는 사람들에게 받아들여지지 않았다. 그것 을 가장 잘 계승하면서도 이단 이데올로기로 체계화시킨 것이 1906년에 출판되어 판매금지된 기타 이키(北一輝)의 《국체론과 순정(純正) 사회주의》였다. 그런데 이 사상은 머지않아 2·26사 건을 일으킨 청년장교들이 신봉한 '초국가주의'로 전환해 갈 운 명을 암시하고 있었다고 할 수 있다.

주 ────────────

1) 한명기, 〈19세기 전반 반봉건 항쟁의 성격과 그 유형〉(《1894년 농민전쟁연구 2》, 역사비평사, 1992), 115쪽을 참조.

2) 정조의 죽음을 둘러싸고 전개된 이인화의 장편소설 《영원한 제국》(세계사, 1993), 355~357쪽에 따르면, 이러한 이야기는 최근까지 경상도 일대에서 널리 전해져 내려오고 있는 것 같다.

3) 19세기에 들어 규장각의 기능 저하에 대해서는 이태진, 《왕조의 유산》, 138~143쪽을 참조.

4) 이태진, 〈18~19세기 서울의 근대적 도시발달 양상〉(《도시와 역사》, '94 서울학 국제심포지엄 자료, 1994), 10쪽.

5) 위의 글.

6) 이 설명은 주로 《일성록》을 따른 것이라 생각하는데, 철종시대의 《일성록》은 아직 공식적으로 발간되지 않았기 때문에 직접 확인할 수는 없었다.

7) 1862년(철종 13) 11월에 경기도 광주부 백성들이 환곡으로 인한 고통을 호소하려다 잡혀 들어갔는데, 이것을 상징적으로 보여주는 사건이었다.

8) 이 격문에 대해서는 鶴園裕, 〈平安道農民戰爭における檄文〉(《朝鮮史研究會論文集》21, 1984)을 참조.

9) 대표적인 연구로 망원한국사연구실 19세기농민항쟁분과 편, 《1862년농민항쟁》(풀빛, 1988)을 참조.

10) 이런 관점에서 쓴 논문으로 김문식, 〈정약용의 이상사회론〉(《한국사시민강좌》10, 1992)을 참조.

11) 小川晴久, 〈丁茶山の經學解釋とキリスト敎〉(《中國社會と文化》4, 1989), 9쪽을 참조.

12) 1795년에 금정(金井)찰방이 된 배경에는 확실히 정약용과 천주교의 관계를 의심한 남인계의 일부 관료들이 올린 상소를 피하기 위한 정조의 계책이 있었다.

13) 정조 시절에 자주 파견된 암행어사의 역할에 대해서는 한상권, 〈조선후기 사회문제와 면소제도의 발달〉, 278~315쪽을 참조.

14) 小川晴久, 앞의 글, 12~13쪽을 참조.

15) 《尚書古訓》에서 드러난 정약용의 정치사상에 대해서는 김문식, 〈尚書 연구서를 중심으로 본 정약용과 홍석주의 정치사상 비교〉(《한국사론》20, 1988)를 참조.

16) 정약용의 '천' '상제'관에 대해서는 천주교의 영향도 포함해 일본에서도 연구가 진행되었다. 대표적인 것으로 宮嶋博史, 《朝鮮社會と儒敎》, 80~82쪽 ; 小川晴久, 앞의 글, 14~16쪽을 참조.

17) 김문식, 〈尚書연구서를 중심으로 본 丁若鏞과 洪奭周의 政治思想 비교〉, 377쪽.

18) 강석화, 〈정약용의 관제개혁안 연구〉(《한국사론》21, 1987), 198쪽.

19) 이런 문제를 다룬 논문으로 하우봉, 〈정약용의 일본유학연구〉(《조선후기 실학자의 일본관 연구》, 일지사, 1989)를 참조.

20) 정약용이 인용한 이 내용은 두 군데 정도 빠뜨린 곳이 있지만 거의 《論語古訓外傳》의 원문과 같다.

21) 이 또한 《論語古訓外傳》에서 정약용이 인용한 것인데, 이것은 원문과 완전히 같다.

22) 정약용은 소라이(徂徠)의 《論語徵》을 직접 읽지 않았지만, 《論語古訓外傳》에서 소개된 소라이의 학설을 통해 간접적으로 그의 해석을 알고 있었다. 《논어》 주석에 대한 정약용과 소라이의 사상에 대해서는 宮嶋博史, 앞의 글, 72~76쪽과 하우봉, 앞의 글, 263~264쪽을 참조.

23) 정옥자, 《조선후기 역사의 이해》(일지사, 1993), 209쪽.

24) 신용하, 《동학과 갑오농민전쟁연구》(일조각, 1993), 2~3쪽을 참조.

25) 동학사상에 대한 趙景達의 논문으로 〈東學農民運動と甲午農民戰爭の歷史的性格〉(《朝鮮史研究會論文集》19, 1982) ; 〈甲午農民戰爭指導者=全琫準の研究〉(《朝鮮史叢》7, 1983) ; 〈東學における正統と異端〉(《アジアから考える5 近代化像》, 東京大學出版會, 1994)이 있다. 이 글의 분석은 이들 논문의 성과에 많은 빚을 지고 있다.

26) 趙景達, 〈東學における正統と異端〉, 60쪽.

27) 예를 들어 김영작은 《韓末ナショナリズムの研究》(東京大學出版會, 1975), 203쪽에서 "동학 이데올로기의 등장은 '기존의 주자학적 이데올

로기의 권위에 대해 이미 순교를 각오한 도전'이라 할 수 있을 것"이라
고 서술하고 있다.

28) 趙景達, 앞의 글, 60~62쪽.

29) 《정감록》이 이필제난에 미친 사상적 영향에 대해서는 윤대원, 〈이필
제난의 연구〉(《한국사론》16, 1987), 196~205쪽을 참조.

30) 趙景達, 앞의 글, 79쪽.

31) 趙景達, 〈東學農民運動と甲午農民戰爭の歷史的性格〉, 122~128쪽을
참조.

32) 김영호, 〈실학의 近代的 轉回〉(《이을호박사정년기념 실학논총》, 전
남대학교 호남문화연구소, 1975), 268쪽.

33) 이 점에서는 전봉준의 정치사상이 정약용보다는 오히려 〈萬川明月
主人翁自序〉를 쓴 정조와 유사하다고 할 수 있다.

34) 《日本近代思想大系 1 天皇と華族》(岩波書店, 1988), 4쪽.

35) 《日本近代思想大系 7 法と秩序》(岩波書店, 1992), 36쪽.

36) 大平祐一, 〈明治初期の目安箱 (2) ― 京都を中心として〉(《立命館法
學》223·224號, 1992), 354쪽.

37) 多木浩二, 《天皇の肖像》(岩波書店, 1988), 17~28쪽을 참조. '야외극'
이라는 이 표현에 대해서는 T. フジタニ, 《天皇のページェント》(日本
放送出版協會, 1994)에서 시사를 받았다.

38) 《日本近代思想大系 7 法と秩序》, 203쪽.

39) 위의 책, 284쪽.

40) 利谷信義, 《日本の法を考える》(東京大學出版會, 1985), 5~7쪽.

41) 《元田永孚文書》第3卷(元田文書研究會, 1970), 7쪽.

42) 飛鳥井雅道, 《明治大帝》(筑摩書房, 1989), 143~144쪽.

43) 佐佐木克, 〈天皇像の形成過程〉(飛鳥井雅道 編, 《國民文化の形成》, 筑
摩書房, 1984), 200쪽.

44) 《日本近代思想大系 1 天皇と華族》, 487쪽.

45) 위의 책, 49쪽.

46) 위의 책, 72쪽.

47) 《日本近代思想大系 7 法と秩序》, 388쪽.

48) 渡邊治, 〈天皇制國家秩序の歷史的研究序說〉(《社會科學研究》 第30
卷 第5號, 1979), 130쪽.

49) 《日本近代思想大系 1 天皇と華族》, 137쪽.

50) 飛鳥井雅道, 앞의 책, 163~172쪽.

51) 坂本一登, 《伊藤博文と明治國家形成》(吉川弘文館, 1992), 14쪽.

52) 原武史, 〈'天覽'から'奉拜'へ ― 變わる行幸の意味〉(《本》1993年 8月 號)를 참조. 그리고 천황제 국가의 行幸과 巡啓에서 철도가 근대적인 '지배' 장치로 역할을 수행한 것에 대해서는 별도의 글을 준비하고 있다.

53) 그런데 천황의 사례는 아니지만, 그 이듬해 요시히토(嘉仁) 황태자가 군마(群馬), 나가노(長野), 니가타(新潟), 이바라키(茨城)를 방문하는 길에, 에비나 요기치(海老名要吉)이라는 사람이 다카사키(高崎) 시내에서 바로 아시오(足尾) 광산의 중독문제를 황태자에게 직소하려 했던 일이 있었다.

54) 松尾尊兊, 〈田中正造の直訴について〉(《田中正造全集》月報 6, 岩波書店, 1977), 3쪽.

제3부

대한제국과 일본

여기서는 주로 1897년(광무 원년)에 성립을 선언한 뒤 1910년 (융희 4, 明治 43)의 '한일합병에 관한 조약'으로 일본의 식민지가 되기까지, 즉 대한제국기의 정치상황에 대해 살펴보겠다. 일본이 조선에 대한 침략을 강화해 가던 이 시기는 국왕인 고종이 황제가 되어 정조 이래의 '일군만민' 사상을 명확하게 하는 때이자, 동시에 갑오농민전쟁에서 본 바와 같이 밑으로부터의 '일군만민' 사상이 조선 전역에 확대되어 가던 시기이기도 하였다.

지금까지 서술했듯이 조선과 일본에서는 군권의 위치만 가지고 보더라도 역사적으로 상당한 차이가 있다. 그러나 이 시기가 되면 두 나라 사이를 가로지르는 정치와 문화의 차이가 한반도를 무대로 일거에 표면화되어 간다. 뒤에 언급하지만 일본이 스스로 근대화의 본보기로 삼은 '일본형 오리엔탈리즘'에 의해 조선의 보호정치를 정당화시키려 한 것에 대해, 조선은 18세기 이래의 '일군만민' 사상을 가지고 대항하였고, 나아가 그것을 일본에 대한 저항 이데올로기로 전환시키고 있었던 것이다.

물론 이 시기의 모든 사람들이 '일군만민'을 믿고서 일본에 저항한 것은 결코 아니다. 실제로는 오히려 그 동기는 다양하며, 일본의 유형·무형의 폭력과 억압에 대해 직접 저항한 경우도 적지 않았을 것이다. 그것을 충분히 인정한 위에, 여기서는 특히 '일군만민'이 해낸 사상적 역할에 주목하고 싶다.

그러나 이러한 조선과 일본의 대항 구도는 대한제국의 성립 이전, 즉 조선의 내정개혁을 목적으로 1894년(고종 31)에 시작된 '갑오개혁' 시점에서 이미 명확하게 나타나고 있었다. 따라서 우선 이 갑오개혁에 대해 간략하게 다루고자 한다.

이 개혁은 같은 해 7월 서울의 경복궁을 불법 점령한 일본이 민비정권을 무너뜨려 19세기 초엽 이후의 세도정치에 종지부를 찍고, 동시에 실각한 대원군을 옹립하여 조선의 근대적 개혁을 추구한 '개화파'의 김홍집(金弘集 : 1842~1896)을 수반으로 한 친일파 정권을 수립시키면서 시작된 것이었다. 김홍집정권은 회의기관으로 새롭게 '군국기무처(軍國機務處)'를 설치하고, 의정부의 개혁과 과거폐지 등을 내용으로 하는 제1차 개혁을 추진하였다. 그 배경에는 갑신정변(甲申政變) 이래 허공에서 맴돌고 있던 개화파의 계획 이외에 앞 장에서 다룬 동학농민군의 폐정개혁 요구가 있었다고 할 수 있다.[1]

그 후 청일전쟁에서 일본의 우위가 확실해지자, 일본이 주도하는 좀더 근본적인 개혁이 필요하다는 목소리가 높아지면서 10월에 이노우에 가오루(井上馨 : 1835~1915)가 주한공사로 부임하였다. 이노우에는 대원군에게서 권력을 빼앗고 군국기무처를 폐지함과 동시에, 12월에는 당시의 김홍집정권을 대신하여 일본 망명지에서 귀국한 개화파의 박영효(朴泳孝 : 1861~1939)를 추가한 제2차 김홍집정권을 조직하는 등 자신의 주도권을 발휘하기 쉬운 환경을 정비하려 하였다.

이렇게 해서 1895년이 되자 이노우에의 주도로 제2차 개혁이 단행되었다. 이 개혁은 이노우에가 직접 추진한 것이지만,《시사신보(時事新報)》에 〈이노우에 백작의 도한(渡韓)을 보내며〉라는 제목의 사설을 실은 후쿠자와 유기치의 강력한 지원도 받았다. 그 내용은 궁중과 부중(府中)의 분리를 통해 궁중의 비정치화와 군권의 제한, 의정부를 대신하는 내각제도의 정비, 재판소 신설을 통한 행정과 사법의 분리 등으로 되어 있는데, 다분히 메이지일본을 모델로 한 것임을 알 수 있다.

제2차 김홍집정권은 김홍집과 박영효의 대립으로 같은 해 5월에 무너지고, 개화파의 박정양(朴定陽 : 1841~1904)을 수반으로 하는 정권이 수립되었다. 유임된 박영효가 중심이 되어 계속 개혁을 추진하여 지방제도도 개혁하였다. 그러나 고종과 명성황후가 일본이 주도하는 개혁에 대해 점점 불안감을 느껴 러시아에 접근하자, 박영효는 다시 일본으로 망명하고 이노우에도 1895년 6월에 귀국함으로써 마침내 개혁은 좌절되었다. 이 해 7월 고종은 칙유를 내려 개혁의 의의를 부정함과 동시에 국정에 직접 관여한다는 뜻을 밝혔다.[2]

2차 개혁 과정에서 이노우에와 후쿠자와 등 개화파를 내세워 개혁을 추진하고 지지한 일본측과 그것을 최종적으로 반대한 고종 등 조선측 사이에 생각의 차이가 뚜렷해져 갔다. 이노우에와 후쿠자와의 사상은 한마디로 말해서 '일본형 오리엔탈리즘'

이라고 부를 수 있다.

　여기서 말하는 '오리엔탈리즘'은 콜럼비아대학의 에드워드 사이드(Edward W. Said) 교수가 그의 저서 《오리엔탈리즘》에서 정식화(定式化)한 설명에 따른 것이다. 그는 '오리엔탈리즘'을 '오리엔트에 대한 유럽의 사고양식'이라고 규정한다. 좀더 구체적으로 말하면 '오리엔트를 지배하고 재구성하여 위압을 주기 위한 서양의 양식'을 뜻하고 있다. 다만 주의해야 할 것은 이러한 사고양식이 반드시 유럽에만 특별히 있는 것이 아니라는 점이다. 일본 또한 오리엔트에 속하면서도 메이지의 근대화과정에서 이 사고양식을 받아들여, 일본 이외의 동아시아 국가를 볼 때는 그것에 상당히 규정받고 있다는 것이다. 동양에서 조금 빨리 서양화＝근대화를 달성한 자국 일본을 모델로 '정체(停滯)'된 조선을 '지도'하려는 '일본형 오리엔탈리즘'이 여기서 생겨난 것이다.

　즉《시사신보》에 실린 후쿠자와의 사설에 따르면, 당시 "일본인이 활발하게 개혁을 계속한 것은 세계에서 유례가 없고" "서양국가의 역사에서 수백 년의 고통을 겪으면서 겨우 결과를 본 그 사업을 단지 20년 만에 성취한 것"에 비해, 조선은 "애당초 수백 년 동안 상하 모두가 유교주의의 고질에 빠져 있고, 수구완루(守舊頑陋)하여 스스로 자립·자위하는 사상이 결핍된" 국가이다(이상 인용은 〈改革の結果は多數の幸福なる可し〉에서). 따라서 조선의 '문명화'는 "저들 나라의 사정은 마치 우리의 유신 전과 같다고 여겨진다. 따라서 정치적인 개혁을 단행하여 인심을 바꾼다면 곧바로 지금의 우리에 도달하기 어렵지 않을 것이니,

우리의 경험을 오로지 그대로 따라 같은 길을 가도록 힘쓰는 것"을 뜻하였다.

여기서는 조선을 자주 지도해야 할 어린아이로 보고 있다. 이노우에는 일본정부에 낸 보고서에서 다음과 같이 말하고 있다.

내정을 개량하는 것에 대해 관청의 직무권한과 군주권 등을 설명해도 그 말이 뜻하는 바조차 이해하지 못한다. 군주권이라고 하면 마음대로 민의 생명과 재산을 빼앗는 권한만으로 해석해서, 마음대로 부리는 권력은 마땅히 제한해야 한다고 말하면 곧장 국회를 열어 모든 일을 민들에게 허락받는 것으로 오해하는 등 그 어리석음이 실로 뜻밖이다. 머리 속에는 오직 자기만 알고 국가가 어떠해야 한다는 것을 알지 못해, 완고하고 어리석은 사람들에게 내정 개량을 말하는 것이 마치 소학교 아이들에게 정치 이야기를 하는 것과 같은 일이 일반적이다.(《世外井上公傳》)

이런 이노우에의 이야기는 마치 말귀를 못 알아 듣는 아이에게 "뜨거우니 손대지 마라"고 말한 어리석은 부모 이야기를 연상케 한다.

한편 고종의 사상은 이러한 '근대'와 '문명'을 일방적으로 지향하는 이노우에와 후쿠자와의 사상과는 근본적으로 달랐다. 대원군에게 교육받아 형성된 고종의 사상적 자질에 대해서는 1895년에 고종을 직접 만난 영국인 여성 여행가 이사벨 비숍 (Isabel L. Bishop : 1831~1904)의 다음과 같은 짧은 기술을 참고할 수 있다.

국왕은 굉장한 기억력을 가진 군주로 조선의 역사를 잘 알고 있다고 들었다. 어떤 사실이나 과거의 습관에 대한 질문이 제기되면, 국왕은 그 일이 일어났던 시대적 상황과 날짜를 정확하게 언급한 뒤 사건의 전말까지 완전히 꿰뚫고 있었다.(《朝鮮奧地紀行》)

이노우에와 후쿠자와가 심하게 비판을 하고는 있지만, 고종의 사상은 어디까지나 조선왕조가 건국된 이래 고유하게 갖고 있던 역사적 토대 위에서 형성된 것이었다.

따라서 고종은 민비정권 시대부터 일관되게 조선의 고전과 사료를 발굴, 수집하는 데 노력하고 있었다. 앞 장에서 서술했듯이 세도정치 아래에서 규장각의 기능은 축소되었지만, 고종은 그것을 기존의 고전과 사료 외에 새로 수집한 자료를 추가한 왕실도서관으로 재편성하고, 장서수도 크게 늘린 데다 그 일부를 본궁인 경복궁으로 옮기기도 하였다. 비숍에 따르면, "경복궁에서 가장 아름다운 건물에 있는 왕실도서관은 많은 한적(漢籍)을 소장하고 있는 매우 큰 도서관"이라고 한다.

이들 자료 가운데 고종이 특히 귀중하게 여겼던 것은 앞서 설명한 정약용의 《여유당전서》이다. 조선왕조 말기의 비사를 연대순으로 기록한 《매천야록(梅泉野錄)》을 쓴 시인 황현(黃玹 : 1855~1910)에 따르면, 고종은 정약용의 저서를 자주 읽고 그것을 높이 평가하였다 한다. 그리고 그와 같은 시대를 살지 못한 것을 애석하게 여겼으며, 정약용의 후손인 정문섭(丁文燮 : ?~?)을 특별히 관료로 채용하기까지 했다고 한다.[3] 그런데 규장각은 제2차 갑오개혁 때 의정부에서 분리시켜 만든 궁내부의 부속기관으로 격하되어 '규장원(奎章院)'으로 개칭되었으나, 대한제국 시기에 규장각으로 복원되고 그 기능도 다시 확충되게 된다.[4]

정약용과 함께 고종이 마음속에 두고 있었던 것은 규장각을 창설한 정조였다. 고종이 규장각을 중시하고, 그 기능을 확대하려 했던 것도 스스로 모범으로 삼은 정조의 통치를 계승하려는 의도가 있었기 때문이다.[5] 고종은 1886년(고종 23)에 정조의 유지를 계승하여 사노비 세습제를 폐지한다고 선언한 것을 시작으로,[6] 대한제국이 성립한 뒤인 1899년(광무 3)에는 정조의 존호(尊號)를 당시의 '정종대왕(正宗大王)'에서 자신과 동격인 '정조선황제(正祖宣皇帝)'로 격상시켰다.[7] 그리고 나아가 1903년(광무 7)에는 규장각에 모아 두었던 조선왕조의 문헌을 분류하는 사업으로 영조의《동국문헌비고(東國文獻備考)》, 정조의《증정동국문헌비고(增訂東國文獻備考)》편찬사업을 이어받아《증보문헌비고(增補文獻備考)》편찬에 착수하여 1906년에 완성시켰는데, 서문에서 그는 다음과 같이 서술하고 있다.

영조 46년에 대신 김치인(金致仁) 등에게 명하여 한 권의 책을 완성시켜, 여기에《문헌비고》라는 제목을 붙여 세상에 간행하였다. 정조 6년에 이만운(李萬運)에게 명하여, 이 책의 13고(考)를 증보하여 20고로 만들었으나 간행하지는 못했다. 짐은 정사를 보면서 이 책을 곁에 두고 틈틈이 열람했는데, 두 분 성인이 왕조의 오래된 전통을 좇아 그것을 후세에 남기시려는 지극한 정성에 감동하였다.

이 글에서는 영조·정조라는 '두 분 성인'의 '지극한 정성'을 계승하려는 고종의 의식이 강하게 드러나 있다. 그런데 이러한 의식이 그들의 정치이념에 대해서도 예외가 아니었음은 고종이 쓴 《주연집(珠淵集)》에 수록되어 있는 다음의 윤음[詔勅]에서도 잘 알 수 있다. 1899년에 고종이 국내 각 도의 지방관에게 내린 윤음이다.

정조께서 천부적으로 탁월한 지혜와 덕을 매일 닦아, 그 덕을 발휘하고 유학을 널리 숭배하는 데 한평생을 분투 노력하여 그 지덕이 날로 명쾌한 경지에 이르게 되었다. 그 공적은 매우 크며, 그 덕 또한 컸다. 정조께서 쓴 〈아송서문(雅頌序文)〉(정확히 말하면 〈雅誦序〉)을 배독(拜讀)하면 정조께서 바로 주자의 학문을 계승하고 있음이 틀림없다. …… 이후 짐은 황태자와 함께 한 나라의 유교 종주(宗主)가 되어, 기자와 공자의 도를 밝히고, 정조의 유지를 이어 여러 신하들에게 자문하고 정치에 힘쓰려고 한다.

여기서 고종은 '한 나라의 유교 종주'가 되어, '성조(聖祖)' 즉 정조의 유지를 계승한다고 밝히고 있는데, 그 유지에 해당하는 것이 바로 '일군만민'이었다. 고종은 정조(그리고 정약용)의 '일군만민' 사상도 계승하고 있었던 것이다.

이미 민비정권기부터 고종은 조칙과 교서 등에서 국가를 뜻하는 '방가(邦家)'라는 전통적인 표현 대신에 '민국'이라는 새로운 용어를 써, 군주와 민의 일체성을 강조하고 있었다.[8] 게다가 1890년대에 들어서면 갑오농민전쟁에서 밑으로부터의 '일군만민' 사상이 고양되고 있었다. 전봉준의 지도를 받은 동학농민군의 요구들은 제1차 갑오개혁에 영향을 주었다. 또한 민비정권을 대신한 김홍집정권조차 일본과 결탁한 '개화간당(開化奸黨)'으로 규정하고, 고종을 그들과 구별하려는 농민군의 일관된 태도[9]는 분명 고종 자신을 동요시키고 있었다고 생각된다.

이러한 사상을 동학농민군뿐만 아니라 더 많은 사람들도 공유하고 있었음은 비숍에게서도 확인되고 있다. "조선의 일반 대중은 (임금에 대해) 애정과 충의를 가지고 있어 정부의 압제와 잘못된 정책을 대신들 탓으로 돌리고 있었다고 나는 생각한다."(앞의 〈朝鮮奧地紀行〉) 고종이 갑오개혁에 대해 마침내 반대의사를 취한 것도 보호정치를 추진하려는 일본에 대한 반발감에다가, 자신도 믿고 있는 '일군만민' 사상을 오히려 민중들이 더욱 강하게 믿고 있다는 확신이 있었음을 빼놓아서는 안 될 것이다.

그 후에도 고종은 이러한 민중의 정서에 호응하기 위해 조칙이나 신하들과의 대화를 통해 민본사상을 자주 표명하였다. 예를 들어 그는 다음과 같이 말하고 있다.

백성은 나라의 근본이며 근본이 튼튼하면 나라는 편안하다. 백성을 보호하는 길은 행정관에게 달려 있다.(조칙 〈지방제도 개혁에 관한 건〉 1895년 5월)[10]

임금께서 말씀하시길, 백성은 이 나라의 근본이며 근본이 튼튼하면 나라는 편안하다. 그러나 지금 백성의 마음은 편안하지 못하다. 날마다 걱정하고 또 걱정하고 있다. 경은 나라와 하나가 된다는 정성으로 선잠을 자는 틈조차 내어서는 안 될 것이다.(《고종실록》 1896년 10월 9일조, 의정부 의정 김병시와의 대화)

백성은 이 나라의 근본이며 근본이 튼튼하면 나라는 편안하다. 근본을 튼튼히 하는 길은 생산과 안정된 직업에 달려 있다.(조칙 〈편민이국(便民利國)의 정치를 하는 건〉 1898년 10월)[11]

그렇다면 이노우에 등이 추진한 갑오개혁이 좌절된 것을 고종의 승리로 볼 수 있을 것이다. 그러나 일본이 도입한 내각제도는 여전히 존속하여, 1895년 8월에도 제3차 김홍집정권이 수립되어 일본이 주도하는 개혁은 계속되었다. 게다가 일본은 여기에만 손을 뻗치고 있었던 것이 아니었다. 이노우에를 대신하여 주한공사로 부임한 미우라 고로(三浦梧樓 : 1846~1926)는 개혁의 최대 장애물을 명성황후로 보고 10월에 경복궁에 침입하여 명성황후를 암살하는 사건을 저질렀다.

이 악명 높은 사건은 말할 필요도 없이 고종에게 하나의 위기였다. 명성황후가 왕비이면서도 왕을 능가하는 권력자로서 정권을 쥐고 있었다는 점에서는 분명 고종에게 '적'이라고도 할 수 있는 존재였다. 그러나 다른 한편 청일전쟁 이후 빠른 속도로 강화되고 있던 일본의 침략에 대해서는 고종과 완전히 하나가 되어 협력함으로써 방파제 역할을 하고 있었다. 고종은 이 최대의 방파제를 잃어버림으로써 단숨에 일본의 꼭두각시로 전락할지도 모른다는 것을 직감하고 있었다.

고종은 이런 위기를 타개하기 위해 1896년 본궁인 경복궁을 나와 러시아공사관으로 거처를 옮겼다. 이른바 '아관파천(俄館播遷)'이다. 그 결과 김홍집정권은 와해되고, 당시까지 정권의 중심세력이었던 개화파들은 상당수가 살해되거나 일본으로 망명하였다. 고종이 러시아공사관에 머문 기간은 1년쯤 된다. 그러나 그는 단지 공사관에서만 있었던 것이 아니라, 가까이에 있는 경운궁(지금의 덕수궁)과 경복궁 사이를 자주 오가면서 자신의 구상에 기초하여 명성황후가 죽고 난 이후 새로운 체제를 만들어 가기 시작하였다.

즉 이 해 8월에 갑오개혁으로 개편된 지방제도를 다시 복구하여 관찰사와 수령의 사법권을 부활시켰으며, 동시에 함경·평안·충청·경상·전라 각 도를 남북으로 구분하여 13도로 만들었다. 그리고 9월에는 의정부 관제를 제정, 내각을 이전의 의정부로 돌려 '대군주 폐하가 모든 정사[萬機]를 관장하는 의정부를 설치'[12]함으로써 '대군주'가 의정부를 직접 통제하는 체제로 만들었다. 이 때문에 의정부 회의는 형식적인 절차만 가져 군권의 우위가 다시 확립되었다. 같은 달에는 경복궁을 대신하여 이궁(離宮)으로 사용되었던 경운궁을 본궁으로 삼기 위한 개축공사를 명령하였다. 러시아공사관에서 머문 기간이 길었던 것은 새로운 궁이 완성되는 데 필요한 시간을 벌기 위해서였다.

1897년(건양 2) 2월 경운궁으로 옮긴 고종은 10월에 새로 만든 제단인 '원구단(圜丘壇)'에서 즉위식에 해당하는 '고천지제(告天地祭)'를 지내고, 경운궁 안의 태극전에서 '대한제국'(이하 한국으로 줄임) 수립을 선언하여 초대 황제가 되었다. 이로써 조선은 중국을 종주국으로 삼는 책봉체제에서 정식으로 이탈하여, 명실공히 독립국가가 되었다. 같은 해 11월에는 2년 1개월 동안의 상복기간을 거쳐 명성황후의 국장을 치르고, 명성황후를 왕후에서 황후[明成皇后]로 추존하였다.

이와 같은 국가적 제전을 통해 고종은 내셔널리즘을 고양시키는 한편, 황실재정을 강화하기 위해 궁내부 기구를 확대하였다. 앞서 말한 바와 같이 궁내부는 원래 갑오개혁에서 군권을 제한하기 위해 의정부에서 분리하여 설치한 기관인데, 고종은 오히려 그것을 군권을 강화하는 기반으로 중시한 것이다. 궁내부는 인삼 전매와 광산 등에 관한 이권을 독점하는 것 외에 철도·도로·전신·전기 등 각종 근대화사업을 담당, 수행하는 기관으로 되었다.[13]

1899년(광무 3)에는 한국의 헌법에 해당하는 〈대한국국제(大韓國國制)〉가 공포되었다. 이 국제는 '본국의 정치가 어떤 정치이며, 군권이 누구의 군권인가를 명확히' 하여 '신민으로 하여금 법을 거스르는 일이 없도록 하기' 위해 법규교정소(法規校正所)에서 기초한 것으로 모두 9개조로 구성되어 있다. 그 가운데 제1조에서 제4조까지를 보면 다음과 같다.

제1조 대한국은 세계만국이 공인하는 자주독립의 제국이다.
제2조 대한제국의 정치는 이전, 곧 오백년 동안 전래하였고 이후,
　　　곧 만세에 걸쳐서도 불변하는 전제정치이다.
제3조 대한국 대황제는 무한한 군권을 누리며, 공법(公法)에서 말
　　　하는 자립정체(自立政體)이다.
제4조 대한국 신민으로서 대황제가 누리는 군권을 침해할 경우, 이
　　　미 했는가 아직 하지 않았는가를 가리지 않고 신민된 자의
　　　도리를 잃은 것으로 인정한다.[14]

여기서 주목해야 할 것은 '오백년 동안 전래'하였고 '만세에 걸쳐서도 불변하는 전제정치' 또는 '무한한 군권'이라는 말에서 신권을 원리적으로 부정한 데다 '신민'이라는 용어를 쓰고 있다는 점이다. 조선왕조가 개창한 이래 내려온 군－신－민이라는 지배구성이 이제 법으로 해체되고 군주－신민이라는 두 개의 극으로 재편된 것이다.

이어 제5조에서 제9조까지는 황제가 가진 개별적인 권력을 열거하고 있다. 즉 제5조는 육해군 통수권, 제6조는 입법·사법권, 제7조는 행정권, 제8조는 문무관의 임면권과 작위 수여권, 제9조는 조약체결권을 각각 정하고 있다. 이로써 군주는 국가권력을 완전히 독점하여 군권의 절대적인 우위를 확립시켰다고 할 수 있다.

19세기 말에 들어서서 추진된 고종의 군권강화를 위한 노력을 고종의 보수반동사상을 나타내는 것으로서 부정적으로 평가하는 일이 많다. 물론 이렇게 평가하는 데는 충분한 근거가 있을 것이다. 그러나 여기에는 당연히 '근대'라는 관점이 들어 있다. 만일 고종이 좀더 개명적인 군주였다고 한다면 조선 역시 정치적 근대화를 달성한 일본과 같은 길을 걸었을 것이라는 암묵적인 전제가 깔려 있다. 그것은 결국 당시 후쿠자와와 개화파가 빠지게 되는 '일본형 오리엔탈리즘'을 반복하는 것일 뿐이지 않겠는가.

지금까지 설명한 데서도 분명히 나타나듯이 〈대한국국제〉가 공포되기까지 있었던 고종의 활동을 부정적으로 평가할 수만은 없을 것이다. 왜냐하면 조선의 대외적 독립을 확고하게 하면서 오랜 기간에 걸친 민비정권과 일본이 주도한 개화파 정권의 신권 우위, 그리고 외국에 의존한 체제가 가져온 폐해를 없애고, 정조 이래의 '일군만민' 사상을 다시 선명하게 밝히기 위한 필사의 노력도 있었기 때문이다.

따라서 언뜻 보면, 〈대한국국제〉는 몽테스키외가《법의 정신》에서 "오직 한 사람이 법도 규칙도 없이 자신의 뜻과 기분에 따라 모든 것을 마음대로 하며" "인간이 의지를 가진 다른 피조물에 복종하는 피조물"로 된다고 묘사한 '전제(專制)'를 연상시킨다. 그러나 실은 조선 고유의 역사가 만들어 낸 산물임을 잊어서는 안 된다. 예를 들어 제4조에 나온 '신민'이라는 개념을 검토하면 이 문제가 좀더 분명해질 것이다.

앞서 설명했듯이 '신민'이라는 용어는 '일군만민' 사상을 유행시켰던 메이지 일본에서도 널리 사용되고 있었다. 그러나 거기서 상정하고 있는 것은 교육칙어에서 잘 표현하고 있듯이, 궁극적으로는 '공공에 봉사'하는 수동적인 존재일 뿐이었다. 천황에 대한 청원권을 당연하게 여긴 고토쿠 슈스이의 의견은 여전히 소수였다. 이에 비해 〈대한국국제〉에서 말한 '신민'은 매우 다르다. 1893년 동학교도의 복합상소처럼 신민이 왕궁 앞에서 황제에게 직접 청원하는 상소는 불경죄에 해당하지 않았고, 제4조의 '군권을 침해하는 행위' 속에 포함되지 않은 것으로 보았다.

원래 고종은 민비정권 아래서도 영조와 정조의 정치운영을 계승하여 건원릉·현릉·목릉·휘릉·숭릉·혜릉·원릉·수릉·경릉 등 9개 능이 있는 경기도 양주목(현 구리시)의 '동구릉(東九陵)'에 자주 참배하러 갔다. 왕릉 참배를 목적으로 한 성밖 행차는 대한제국이 수립된 이후에도 계속되었다. 특히 1897년 11월에 명성황후의 능(홍릉)이 도성문 가운데 하나인 동대문에서 약 4킬로미터 떨어진 청량리에 조성되자, 고종은 1898년부터 1899년까지 3번에 걸쳐, 죽은 비가 안장되어 있는 곳에 행차하였다.

좀 덧붙이면, 1899년 5월 한국에서는 최초로 서대문에서 종로, 동대문을 지나 청량리에 이르는 전차가 개통되었다. 이것은 고종의 홍릉 참배를 쉽게 할 목적으로 개통된 것이기에 당초 황제 전용의 귀빈차도 마련되어 있었다. 그러나 전차의 모습이 장례용 상여와 같다는 이유로 귀빈차는 사용되지 않고 곧바로 일반 시민들이 이용하게 되었다.[15]

고종의 행차는 홍릉을 마지막으로 참배한 1900년(광무 4) 4월까지 계속되었다. 이들 행차길에서는 이미 금지되거나 제한을 받았던 상언과 격쟁은 발생하지 않았다. 그러나 이태진 교수는 고종이 도성 밖으로 거처를 옮길 때는 영조처럼 상인들을 불러 일상생활의 불만이나 고통을 자주 들었다고 한다.[16]

또한 1896년 10월부터 궁내부는 근대화사업의 일환으로 서울에 대한 도시계획을 추진하였다. 그런데 이 계획은 예전에 도성 안에서 상언과 격쟁을 받았던 장소를 공원이나 광장과 같은 공개된 공간으로 정비하려 했다. 뒤에 다룰 '3·1만세운동'에서 중심 무대가 된 탑골공원을 종로의 통운교(通雲橋)와 가까운 곳에 만든 것도 이 시기였다.[17] 영조와 정조를 계승하려는 고종의 사상에는, 언뜻 보면 아무 관계도 없는 듯한 근대적인 도시계획에까지 착실하게 반영되고 있었던 것이다.

사실 이처럼 새롭게 만들어진 공개된 공간을 가장 잘 이용한 것은 같은 해에 설립된 '독립협회'이다. 당초 개화파 관료가 중심이 된 이 협회는 곧 서울시민의 폭넓은 지지를 받았고, 나아가 국내 최대의 정치결사로 발전하였다. 1898년에 그들은 광장과 공원에서 '만민공동회(萬民共同會)'라 불리는 집회를 여는 한편, 경운궁 앞에 모여 의정부 자문기관인 '중추원(中樞院)'을 개조하여 사실상 입법기관으로 만들도록 요구하는 상소운동을 계속 일으켰다. 고종도 이를 이해하여 같은 해 10월 독립협회의 요구를 받아들여 중추원 관제를 개정하도록 명령하였다. 이는 국회 개설과 유교의 민본사상이 모순되지 않는다고 본 모토다 나가자네(元田永孚)의 사상과 공통점이 있음을 알 수 있다.[18]

따라서 고종은 독립협회와 전면적으로 대립한 것이 아니었고, 오로지 독립협회를 해산시키고 만민공동회를 탄압하려 한 중추원 의관 조병식(趙秉式 : 1832~?) 등 수구파 관료와는 분명히 다른 견해를 가지고 있었다. 한편 독립협회도 고종이 단행한 제정(帝政)을 지지하고 있었다. 이는 1898년 10월에 독립협회와 만민공동회, 그리고 정부 사이의 합동회의인 '관민공동회(官民共同會)'가 6개의 건의문을 채택하여 고종에게 제출, 재가(裁可)를 구했을 때, 신설된 의회식 중추원의 권한 강화를 요구하면서 '외국인에게 의지하지 말고, 관민이 한마음으로 힘을 모아 전제황권을 튼튼히 할 것'[19]이라는 조항을 포함시킨 것에서도 잘 알 수 있을 것이다.

그 후 수구파의 반격을 받아 독립협회가 해산 위기에 몰렸지만, 1898년 11월 고종이 경운궁 인화문(仁化門) 앞에서 직접 여론을 물어[親論] 다시 수구파를 배척하고 만민공동회의 요구를 받아들였다. 그러나 결국에는 독립협회가 제정을 폐지하고 공화정치를 수립하려고 음모를 꾸민다는 수구파의 무고를 뿌리치지 못해 개혁은 실현되지 못했다.[20]

이렇게 해서 의회식 중추원 개설은 실패했지만, 〈대한국국제〉를 만듦과 동시에 '일군만민'을 추구하는 고종의 정치는 점점 궤도에 올랐다고 볼 수 있다. 7개월 남짓한 준비기간을 거쳐 1902년(광무 6) 12월에, 황태자와 신하가 교대로 10일 동안 경운궁 중화전(태극전을 개칭함) 등에서 거행한 '고종황제 재위 40주년 기념 축전'은 바로 그것을 상징적으로 연출한 국가적 제전이었다.

그러나 이 사이에도 한반도를 둘러싼 국제정세는 시시각각 긴박감을 더해 가고 있었다. 1904년(광무 8) 2월에 러일전쟁이 시작되면서 한국 내에서 일본군의 행동자유를 인정하는 〈한일의정서〉가 체결되자, 한국은 이 전쟁에 말려들게 되었다. 동시에 이것은 한국을 보호국으로 하려는 일본의 움직임이 재개되었음을 뜻하였다.

1905년(광무 9)에 들어서면, 우선 4월에 〈형법대전〉이 공포되었다. 모두 680개조로 구성된 '한말 최고 최대의 법전'이며, 한국에서는 최초의 '근대적 법전체계'(한국법제연구원 편, 《한말법령체계분석》)이다, 그 가운데 275조에서는 "소원(訴冤)이라는 이름으로 임금의 행차길에 격쟁하거나 산에 올라 불을 피우는 자는 5개월 구금에 처한다"[21]라고 하여 행차 때 길에서 소원하는 행위가 다시 금지되었다.

같은 해 11월에는 '제2차 한일협약(을사조약)'이 체결되고, 일본은 보호권을 행사하기 위해 '통감부'를 서울에 설치하기로 결정하였다. 이 협약을 기초로 12월에는 이토 히로부미가 초대통감으로 부임하였다. 이후 한국에서는 1910년 '합병'조약이 체결되기까지 통감이 '신하'로서 황제를 모시면서 실질적으로 외교·내정을 비롯한 모든 권한을 장악하는 체제가 만들어지게 된다.

이토의 통감정치가 당면한 과제는 '시정개선(施政改善)'이었는데, 이는 그 자신이 다음과 같이 서술한 데서도 잘 알 수 있다.

한국에서 현재 시급히 해결해야 할 과제는 요컨대 시정을 개선하여, 한편으로는 교육을 일으켜 한국 민으로 하여금 문명의 대열에 들게 하고, 또 한편으로는 국력을 키워 빈약한 오늘날의 상태에서 구출하는 방법을 강구해야만 한다.(《伊藤博文傳》)

이 글에는 앞서 제2차 갑오개혁을 추진하고 지원한 이노우에나 후쿠자와와 마찬가지로 '일본형 오리엔탈리즘'이라는 관점이 있다. 확실히 주한공사라는 지위에 머문 이노우에와는 달리 이토의 지위는 훨씬 컸다. 이토는 강력한 지위를 이용해서, 과거 일본에서 모토다 나가자네 등 궁중 그룹과 대립하면서 왕의 군권을 제도화시켰듯이, 자신이 생각하는 한국의 '전제'를 개혁하여 황제의 '군권'을 제한하려 하였다. 이에 대해 고종이 강하게 저항한 것은 당연한 일이었다. 고종과 이토의 대립을 통해 한국과 일본의 사상이 가진 차이가 다시 부각되어 간다.

그것은 이미 1905년 11월 제2차 한일협약을 체결하기 위해 특파대사로 파견된 이토와 고종의 대화에서 드러나고 있다. 이토에게서 협약안을 받은 고종은 우선 다음과 같이 말하였다.

지금 짐 혼자서 이것을 체결할 수는 없다. 짐이 정부 신료에게 묻고, 또 일반 민의 뜻을 살피는 것도 필요하다.(《伊藤博文傳》)

이에 대해 이토는 다음과 같이 말하였다.

폐하께서 정부 신료에 묻는 것은 훌륭한 일이며, 신 역시 감히 지금 당장 결재를 하시라는 뜻은 아닙니다. 그러나 갑자기 일반 민의 뜻을 살피겠다는 말씀은 매우 이해하기 힘듭니다. 왜냐하면 귀국은 헌법정치가 아니라 정사를 폐하가 직접 관장하는 이른바 군주전제국이 아닙니까. …… 귀국 민들은 유치하며, 원래부터 외교에 어두워 세계의 대세를 알 길이 없습니다.

즉 고종의 말이 지금까지 서술한 '일군만민' 사상에 뿌리를 둔 것이라고 한다면, 이토의 말은 자신이 생각한 '전제' 개념에서 나온 것이었다. 두 사람의 차이는 매우 뚜렷하다.

그 후에도 자주 이토는 통감정치의 방식을 둘러싸고 고종과 대담하였지만, 그때마다 이토는 '시정개선'에 음으로 양으로 저항한 고종을 '세계의 대세'를 모른다고 다음과 같이 비난하였다.

귀국도 제 나라에 칩거해서 세계의 대세와 통하지 않는 시대라면 혹 어쩔 수 없긴 하나, 이미 눈을 떠 문명의 법칙에 따라 국가의 이익과 민의 행복을 일으키려 하는 지금에 …… 유해무익한 옛 관습을 하루바삐 폐기하는 길이 오히려 한국을 위해 충성하는 바이지 않겠습니까.(市川正明 編,《韓國倂合史料》Ⅰ)

또한 유교에 집착하는 고종에 대해 이토는 바로 그것이 조선을 '정체'시킨 원흉이라고 다음과 같이 말하였다.

히로부미도 여러 차례 유교라는 것에 대해 생각해 온 그 지론을 말씀드린 바 있습니다. 그러나 그들이 존경하는 것은 이른바 공맹(孔孟)의 가르침으로 사서오경을 섭렵해서 주나라 시대의 정치교리를 되씹는 것을 능사라고 여기는 것에 지나지 않습니다. 고금을 참작해서 세상의 변화를 따르는 활동적인 능력은 조금도 없습니다.
멀리 산림에 은거한 유생들을 불러 이들과 국정을 의논하는 것은 차라리 공자의 백골을 구해 와서 이와 국정을 의논하는 편보다 못합니다.(《伊藤博文傳》)

이처럼 이토는 '활동적인 능력'이 없는 '공맹의 가르침'에 대해 강한 혐오감을 일관되게 가지고 있었다. 과거 메이지천황을 지도한 모토다 나가자네와 고종의 모습이 그의 머리 속에 겹쳐져 나타났을지도 모른다.
이렇게 해서 고종과 이토의 대립상황은 계속되었지만, 실은 그 사이에도 이토가 목적한 '시정개선'은 착실하게 추진되고 있었다. 1907년(광무 11) 3월에는 통감부가 황실의 모든 재산을 관장하게 되고, 6월에는 다시 내각제도가 도입되어 의정부는 폐지되었다. 그리고 7월이 되자 그런 대립상황을 해소시키기에 절호의 구실을 주는 사건이 일어났다. 네덜란드의 헤이그에서 만국평화회의가 개최되는 것을 안 고종이 제2차 한일협약이 무효임을 호소하기 위해 은밀히 사절을 파견한 이른바 '헤이그밀사사건'이다.

이 때문에 이토는 고종을 강제로 물러나게 하고, 황태자인 순종을 2대 황제로 즉위시켰다. 그리고 같은 달 '제3차 한일협약'(정미7조약)을 체결하여 통감부의 권한을 더욱 강화하는 한편, 한국 군대 해산을 명령하였다. 이제 일본의 침략적 태도는 누가 보아도 분명해졌다. 1907년부터 8년에 걸쳐 통감정치를 추진한 일본의 각종 시설을 파괴하거나 무력으로 일본군에 저항하는 각지의 '의병운동'이 절정에 이른 것도 결코 우연이 아니었다.

1898년 9월 러시아 통역관인 김홍륙(金鴻陸 : ?~1898)이 고종에게 개인적 원한을 품고 황태자이던 순종의 커피에 독을 탔다. 순종은 이것을 마신 이후 정신적 육체적으로 큰 타격을 받아 고종에 비해 지성과 풍모면에서 두드러지게 뒤떨어졌다.[22] 이토는 고종의 퇴위를 기회로 단숨에 황제의 자태를 일본풍으로 변화시키려 했는데, 순종은 그에 순순히 따랐다. 순종이 즉위식에서 당시까지 길게 자란 머리를 자르고 대원수 복장을 입은 것도 이 때문이었다. 고종과 비교해 볼 때 저항을 하지 못하는 순종의 태도는 자연히 이토를 안심시켰을 것이다. 이후 그는 1890년대 이래 일본의 천황처럼, 황제를 통감정치에 직접 개입하지 못하게 하고, 제도상으로도 권력이 많은 제한을 받는 수동적인 군주로 만들기 위해 전력을 기울여 간다.

이를 위해 그는 먼저 고종 시절에 추진하지 못한 사법제도를 정비하여, 행정과 사법을 분리시킴으로써 황제가 최종적으로 갖고 있던 사법권을 완전히 박탈하려 했다. 그 필요성은 이미 제3차 한일협약에서도 언급되어 있었다. 1907년(융희 원년) 12월에는 〈재판소구성법〉 등이 제정되었고, 이듬해에는 대심원(大審院)·공소원(控訴院)·지방재판소·구(區)재판소가 개설되고 일본인 관리가 다수 진출함에 따라 '가장 진보한' 사법제도의 '개선이 점점 실마리를 얻는' 상황에 이르렀다.[23]

일본을 모델로 삼은 이토의 황실개혁은 행차의 형식에까지 미쳤다. 앞서 서술했듯이 고종 시기의 도성 밖 행차는 1900년 4월 이후로는 없었다. 그런데 순종은 즉위하자마자 이토의 지시에 따라 1907년 10월에 청량리로 가 어머니가 묻힌 홍릉과 그 근처에 순명황후(純明皇后 : 1872~1904, 순종의 비)가 묻힌 유릉에 참배하였다. 오랜만에 임금의 행차가 부활한 것이다. 그러나 이 당시 길가의 풍경은 다음에서 보듯이 소란스러운 것과는 전혀 거리가 멀었다.

황제의 행렬양식은 간단하게 신식으로 거행되었다. 마차 위의 온화한 용안을 보고자 큰 길 좌우에 관립·사립학교 학생들이 옷을 갖추어 입고 질서정연하게 정렬했는데, 이는 실로 우리 나라 수백 년만에 처음 있는 일이다.(《황성신문》 10월 12일자 논설)

이는 바로 일본형 행차양식이라 볼 수 있다. 이토는 이 행차에서 시도한 형식을 한국에 대대적으로 도입하였고, 1890년 이후 일본에서 천황이 자주 이용했던 철도행차를 한국에도 도입하려 하였다. 이를 위해 그는 적절한 기회에 일본의 요시히토(嘉仁) 황태자(훗날 다이쇼천황, 1879~1926)를 '일한친선'이라는 이름으로 한국에 초대할 것을 구상하였다.

어린 시절의 황태자는 몸이 약했다. 그러나 1900년 결혼을 계기로 몸이 회복되어 개인적인 학습을 위해 지방으로 견학여행[황태자의 경우, 목적지가 한 곳일 때는 교케이(行啓), 두 곳 이상일 때는 준케이(巡啓)라 한다]을 시작하였다. 황태자가 이 해에 규슈를, 1902년에는 신에츠(信越)와 기타간토(北關東)를, 1903년에는 와카야마(和歌山)·시코쿠(四國)·산요(山陽)를 방문한 것도 이 때문이었다. 러일전쟁으로 여행은 일단 중지되었지만, 1907년 5월 산인(山陰) 여행으로 재개된 이후 매년 일본 각지를 여행하였다. 천황이 되기까지 오키나와를 제외하고는 전국의 도부현(道府縣)을 돌아다녔다.

1907년 10월 요시히토 황태자의 한국 방문은 이와 같은 견학여행 일정에서 짬을 이용해 계획된 것이다. 황태자가 한국을 방문한 후 이어 나가사키(長崎)·가고시마(鹿兒島)·미야자키(宮崎)·오이타(大分)·고치(高知) 등 각 현을 방문하기로 예정되어 있었다. 메이지천황은 의병운동이 확산되어 한국 안의 치안이 악화된 것을 우려하여 당초 이 계획을 반대했지만, 이토가 죽음을 각오하고 추진한다는 소식을 듣고서 결국에는 예정대로 허락하였다.[24] 황태자는 천황의 대리인 자격으로 10월 16일 한국을 정

식으로 방문한 것이다.[25]

당시 한국의 철도는 통감부가 관리하고 있었다. 서울의 남대문과 인천을 연결하는 '경인선', 남대문과 부산을 연결하는 '경부선', 남대문과 평안북도 신의주를 연결하는 '경의선', 그리고 경부선의 삼랑진과 마산을 연결하는 '마산선'이 개통되고 있었다. 이 가운데 요시히토 황태자가 이용한 것은 경인선이었다. 순종은 인천항에 도착하는 요시히토 황태자 일행을 맞기 위해 황태자인 이은(李垠 : 1897~1970)과 함께 남대문과 인천 사이에 특별히 마련한 열차를 타고 처음으로 왕복하였다. 이때 경기도의 용산과 영등포 등 일본인도 많이 거주하고 있던 경인선의 각 역에서는 왕의 행차 때와 마찬가지로 지위와 신분에 따라 플랫폼에서 기다리는 것을 제한하였다. 그리고 한·일 두 국민은 질서정연하게 줄을 선 뒤 황제와 황태자의 모습을 직접 볼 수 없는 열차를 향해 일제히 가장 정중한 경례를 올리도록 강요받았다. 열차는 철로를 따라 달렸고, 황제의 행차(황태자의 방문)는 훌륭하게 성공했다.

그리고 서울 시내로 들어서자 길가에서도 시민들이 정렬해서 일체의 잡음도 없이 황태자 일행을 '받들어 맞이[奉迎]'하였다. 친일단체인 일진회(一進會)는 10월 16일의 일지(日誌)에서 다음과 같이 기록하고 있다.

일본 황태자 전하 봉영예식을 준비하여, 오후 3시에 남대문 내 봉영문(奉迎門) 아래의 미리 허락받은 15칸 자리에 회의 깃발을 세우고 조용히 기다렸다. 인산인해 속에서도 질서정연한 의식은 가히

문명시대라 할 수 있다. …… 봉영문으로 들어오실 때 일진회 깃발 아래서 일제히 환영하고, 전후 좌우에 양국 학교의 많은 학생들이 정연하게 맞이하는데, 숙연한 예모와 흠모하는 정이 넘쳐나는 것이 여태까지 없던 일이라.[26]

여기에는 사람들이 모두 질서정연하고 조용한 것을 '문명시대'로 보는 새로운 시각이 있다. 각지에서 터져 나오는 의병운동이 마치 환상인 것처럼, 이 오래된 왕조의 도읍에서 외항(인천)에 이르는 일대는 이미 일본에서 보았던 **그 광경으로 가득 차** 있었던 것이다(강조는 원문).

고종이 정치 무대에서 물러난 지 겨우 3개월 만에 이토가 추진한 황실개혁은 이런 성과까지 낳은 것이다. 이제 순종은 이토의 의도대로 움직이는 꼭두각시로 되어 과거의 '일군만민' 사상을 어디에서도 찾을 수 없게 되었다. 그런데 이토가 추진한 개혁에 대해 유일하게 의구심을 가지고 있던 일본인이 있었다. 우익 단체 '흑룡회(黑龍會)'를 조직하여 이른바 대륙낭인(大陸浪人)으로 '합병'을 계획하고 있던 우치다 요헤이(内田良平 : 1874~1937)가 바로 그다. 그는 야마가타 아리모토(山縣有朋 : 1838~1922)에게 보낸 편지에서 이렇게 말하고 있다.

이 일로 인해 신황제와 황태자가 외출하기를 좋아하게 된다면 기쁘기도 하지만 걱정도 됩니다. 왜냐하면 …… 한국에서 황제의 위치가 매우 중요하다고 볼 때, 백성이 점점 황제의 존엄함을 알고, 자주 행차를 해서 그 모습을 보게 되면 사민(土民)에게 모두 충군

하는 마음이 일어나게 될 것입니다. 한국에서는 기쁜 현상이지만, 한국민에게 충군애국하는 것을 가르치는 것은 우리의 보호에서 독립하는 것을 가르치게 됩니다.[27]

우치다는 같은 '합병' 추진파로 본 야마가타에게 통감정치가 갖고 있던 모순을 호소하였다. 그는 이토가 추진하려는 개혁이 '합병'과는 반대로 독립이라는 결과를 낳을지도 모른다는 우려를 강하게 주장한 것이다.

그것은 기우가 아니었다. 우치다가 생각했던 우려가 1년 뒤에 현실로 나타났기 때문이다.

항일의 에너지

　1909년(융희 3) 1월 7일 오전 8시 10분, 한·일 두 나라의 국기를 교차시킨 열차가 순종과 이토 히로부미 등 정부 관계자를 싣고 남대문역을 출발하였다. 이 열차는 경부선을 따라 내려오다, 도중에 성환(成歡)과 대전에 정차한 뒤, 경상북도의 중심지인 대구에 오후 3시 25분에 도착, 일행은 곧바로 숙박소로 정한 경상북도 청사로 들어갔다.

　다음날, 그들은 다시 경부선을 따라 내려오다 종착지인 부산에 도착, 교외에 있는 동래를 방문하고, 항구에 정박중인 일본의 제1함대 기함 '아즈마(吾妻)'를 시찰하는 등 9일까지 머물렀다. 10일 그들은 경부선과 마산선을 잇는 열차에 올라 마산선의 종점인 경상남도 마산으로 향했다. 교외의 창원에서 특산물을 관람하거나 항구에 정박중인 일본 제1함대 기함 '가토리(香取)'를 시찰하는 등 11일까지 머물렀다. 12일에는 마산선과 경부선을 거쳐 다시 대구에 도착, 시내에 있는 달성공원을 시찰하고, 학교에서 학생들의 운동을 참관하였다. 그 다음날, 그들은 내려

올 때의 경로를 거슬러 오후 3시 40분에 남대문으로 돌아왔다.

이로부터 2주 뒤인 27일 오전 8시, 다시 이 열차는 마찬가지로 순종과 이토 등 정부 관계자를 싣고 남대문역을 출발하였다. 이번에는 경의선을 따라 올라가다가 도중에 경기도 용산, 개성과 황해도의 신막에 정차, 오후 3시 45분에 평안남도의 중심지인 평양에 도착하여 일행은 곧장 숙박소로 정한 평안남도 청사로 들어갔다.

28일, 그들은 다시 북상하여 종점인 신의주에 도착, 다음날마차로 평안북도의 중심인 의주로 가 평안북도 청사에서 관찰사에게 지방정치의 실정을 듣고, 특산물을 시찰하였다. 30일마차로 신의주로 돌아와서, 다음날 경의선을 남하하여 열차는 평안북도 정주와 평안남도 신안주에 정차한 뒤 평양에 도착하였다. 2월 1일 일행은 평양 시내를 가로지르는 대동강의 서북쪽에 있는 만수대로 갔다. 그 다음날 다시 경의선으로 남하하여 고려왕조의 도읍이었던 개성에서 하차, 3일 오후 3시에 남대문으로 돌아왔다.

지도에서 보듯이 두 번에 걸친 이 행차의 범위는 모두 경기·충북·충남·경북·경남·황해·평남·평북 각 도에 미치고 있다. 물론이것은 조선왕조가 시작한 이래 최대규모의 행차였다.

당시 이토의 통감정치는 이미 완성단계에 있었다. 목표로 삼은 '시정개선'은 착실히 그 성과를 올렸고, 각지의 의병운동은 수적으로 쇠퇴하는 조짐을 보이기 시작하였다. 한국민 사이에는 저항보다는 오히려 일종의 깨달음이나 체념, 방관하는 분위기가 서서히 확대되고 있었다고 할 수 있다. 이제 '합병'은 시간

문제라고 생각되었다. 그런 시기에 갑자기 이 행차가 단행되었던 것이다.

이토는 메이지천황의 행차를 모델로 '첫째는 한국 황제가 지방의 실정을 관찰하도록 하고, 둘째는 민심을 새롭게 하기 위해' 순종의 행차를 추진했다고 말하였다.[28] 그러나 그것의 진짜 목적은 다가올 '합병'에 대비하여 요시히토 황태자의 행차 때 서울과 인천 사이에 전개된 것과 같은 질서공간을 한반도 전체에서 재현하려고 했던 것은 아닐까.

과연 철로 주변의 도시들에서는 그때와 같은 광경이 전개되고 있었다. 열차가 지나가는 각 역에서는 지방의 유지와 학생을 비롯한 한·일 두 나라 국민이 질서정연하게 서서, 가끔 만세를 부르는 곳도 있었지만, 대체로 조용히 순종의 일행을 맞았다. 대구와 평양 등 일행이 열차에서 내린 도시에서는 역전에서 행재소(행차 중 임금이 한때 머무는 곳)에 이르는 도로를 정비하여 흰 자갈을 깔았으며, 길가에는 많은 사람들이 질서정연하게 '봉영'하는 광경이 보였다. 예를 들어 1월 28일자 《황성신문》은 평양의 모습을 다음과 같이 전하고 있다.

평안남도 관하 각 군의 관립·사립학교 학생 수만 명이 정거장에서 평안남도 청사까지 빽빽하게 서서, 황제의 행렬이 통과할 때는 정숙하게 경례한 뒤 만세를 연호하였다. 도내의 양반 유생, 고령의 남녀, 각종 단체, 실업가 등 봉영하는 사람들의 수가 10여 만 명을 넘었다.

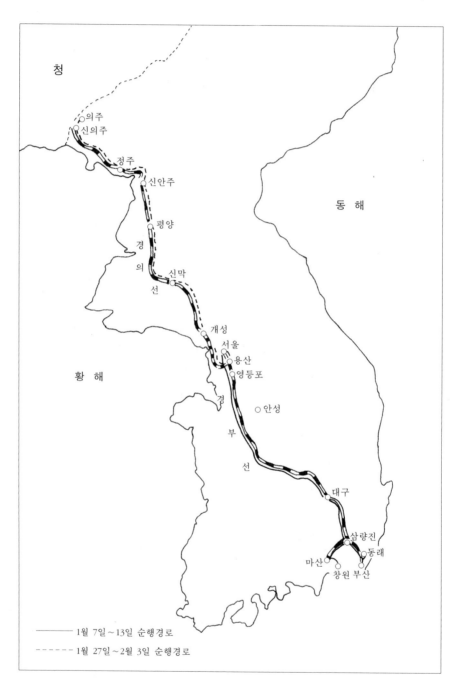

청

동 해

의주
신의주
정주
신안주
평양
경
의
선
신막
개성
서울
용산
영등포
안성
대구
삼량진
동래
마산
창원 부산

황 해

경
부
선

───── 1월 7일~13일 순행경로
----- 1월 27일~2월 3일 순행경로

순종의 순행경로(1909년)

이와 같은 신문보도는 행차가 예정대로 진행되었고, 이토의 목적도 달성되었음을 보여준다고 할 수 있다. 그러나 사실 그처럼 평온한 상황이 유지된 곳은 일부였고, 신문이 보도한 것도 표면에 지나지 않았다. 그 실태는 "환영의 뜻을 찾기는 거의 힘들고 지극히 냉담한 상태였다. 일본인측과 교섭하여 차츰 공동으로 준비하면서 표면상으로는 유감이 없게"(정주) 하는 상황이었다. 그리고 "정렬과 규율, 경례하는 방법 등 예정된 행동을 취하지 않아 혼잡해서는 안 될 상황이 있었다"(의주)고 했듯이 신문보도와는 정반대의 상황도 일어나고 있었다.[29]

그런데 각지의 사람들이 순종을 맞이했을 때 어떤 감정을 갖고 있었는지는 당시 학부(學部)에서 기록한 다음의 글을 참고할 수 있다. 충청북도 안성에서는 "일단 행차 소식이 전해지자, 일본이 황제를 꼬셔 도쿄에 유폐시키거나, 제주도에 귀양 보내려 한다. 또는 통감이 황제를 일본으로 데려가 황제 지위를 박탈하려 하며 부산항에는 황제를 데려가기 위해 일본 군함 몇 척이 정박중이라는 유언비어가 퍼졌다." 대구에서는 "행차 소식이 전해지자 순식간에 풍설이 나돌았다. 특히 이토 통감이 수행한다는 이야기를 듣고서 많은 사람들은 황제를 일본으로 데려 갈 것이라고 의심하였다." 경상북도 경주에서는 "민심이 격앙해져, 지금 이렇게 몹시 추운 데도 행사를 강행하는 것은 일본이 강제로 시킨 것이며, 일본이 황제를 납치할 것이라는 등 유언비어가 속출하여 상황이 불안스런" 형국이었다. 평양에서는 "(시내 학교에서) 매일 아침 학생들이 모여 애국가를 소리 높여 부르며 배일사상을 고취시키고" 있었다.[30] 이런 기록들을 볼 때, 각지의 사람들이 순종의 행차를 무조건 환영했던 것만이 아니라 그 배후에는 '합병'을 계획하는 일본의 정치적 의도가 있음을 느끼고 있었다는 사실을 알 수 있다.

이 때문에 순종 일행을 맞았던 각 도시에서는 그들이 중심이되어 죽음을 각오하고 항의하는 움직임이 계속 일어났다. 대구에서는 시내에 있는 '협성학교' 학생이 집단으로 선로 침목에드러누워 열차 통행을 저지하려 하였다.[31] 부산에서는 시민이부두에서 야숙하면서 항구로 통하는 길을 막거나 작은 배 60척에 나누어 타고 순종이 승선하려는 군함 아즈마를 둘러싸 진행을 방해하였다.[32] 모두 순종이 일본으로 연행되어 가는 것을 걱정한 사람들이 저지른 '범행'이었다.

마산에서는 학생들이 환영행렬 속에 일본인이 한국인보다 앞서 걸어가는 것을 보고 일본 국기를 찢어버렸다.[33] 평양에서는경찰과 관찰사들이 설득에 나섰지만, 시내 학생들은 '봉영' 때작은 일장기를 드는 것을 거부하였다.[34] 의주에서는, 순종에게는 시민 모두가 경례했지만 이토에게는 공립보통학교 학생만경례하였다.[35] 사람들의 의사는 분명하였다. 그들은 순종에게충절을 맹세하는 대신 일본의 '지배'에 대해서는 단호하게 부정하는 태도를 보였다.

이러한 사실은 무엇을 말하는가. 황제가 고종에서 순종으로바뀌어도, 밑으로부터의 '일군만민' 사상은 사라지지 않았다. 오히려 그것은 조선 전역으로 퍼져 나갔으며, 동시에 일본에 대한저항 이데올로기로서 기능하였던 것이다. 행차를 계획한 이토로서는 전혀 예상하지 못했던 것이다. 우치다의 우려가 정확히 맞아떨어진 것이다. 그는 흑룡회원에게 보낸 편지에서 이렇게 말하고 있다.

　2, 3백년 전부터 하지 않았던 삼남(충청·경상·전라) 행차를 시도해 통감 이하 많은 일본인 관리들이 수행하게 되면, 한국인은 더욱 황제의 존엄함을 믿게 되고 통감을 경시하게 될 것입니다.[36]

　나는 황실 본위의 정책을 집행해서 지방에까지 미치게 하고, 우리 황실과 대등한 교제를 하게 하는 것을 결코 올바른 정책으로 받아들일 수 없습니다. 이토 공이 일본에 끼친 공은 크나, 그 권위 때문에 보호국에서 우리 국위를 손상시킨 불충한 죄는 하루 빨리 경계해야 하며 허용해서도 안 될 것입니다.[37]

　이것은 우치다의 주장만은 아니었다. 왜냐하면 이것은 이토가 황실의 신하로서 통감의 지위를 누리면서도 한국 황실을 일본 황실과 대등한 태도로 다룬다고 하여 강하게 반발하고 있던 많은 일본인들의 솔직한 마음을 드러낸 것이기 때문이다.[38]

　잘 알고 있듯이 이토는 이 해(1909)에 통감을 사직한 뒤, 중국 하얼빈에서 안중근(安重根 : 1879~1910)에게 저격당하였다. 통감정치는 그 최대의 지지자를 잃어버렸고, 여기서 사실상 파산을 맞이했다.

　그 이듬해 8월에는 통감으로 야마가타의 두터운 신임을 받는 데라우치 마사타케(寺内正毅 : 1852~1919)와 순종이 마침내 '한국합병에 관한 조약'을 체결하였다. 이 때문에 통감부는 폐지되고, 통감인 데라우치는 신설된 '조선총독부'의 초대 총독으로 취임하였다. 그것은 통감정치를 청산함과 동시에 우치다와 야마가타는 물론 이토 역시 궁극적으로 삼았을 목표를 달성한 것이었다. '합병'을 기다리고 있던 당시의 대다수 일본국민이 이를 지지했음은 말할 것도 없다.

'합병'으로 황제는 폐위되고, 한국은 다시 '조선'으로 되어 정식으로 일본의 식민지가 되었다. '합병'을 방해했던 '일군만민'은 그 사상적 근거를 잃고, 이후 일본에 의한 본격적인 '동화(同化)'가 시작되었다. 조선총독부를 통한 일원적인 지배 아래에서 조선 전체를 질서와 통제의 그물망으로 뒤덮는 날이 점점 눈앞으로 다가왔다.

주 ——————————

1) 유영익, 《갑오경장연구》(일조각, 1990), 147~153쪽 참조.
2) 森山茂德, 《近代日韓關係史硏究》(東京大學出版會, 1987), 49쪽.
3) 《한국사료총서 1 매천야록》(탐구당, 1971), 32~33쪽.
4) 이태진, 《왕조의 유산》, 143쪽.
5) 위의 책, 30쪽.
6) 이태진, 〈18~19세기 서울의 근대적 도시발달 양상〉, 17~18쪽.
7) 《한국사료총서 1 매천야록》, 244쪽.
8) 이태진, 앞의 글, 18쪽.
9) 森山茂德, 《日韓倂合》(吉川弘文館, 1992), 50쪽.
10) 송병기 외편, 《한말근대법령자료집》 1(대한민국국회도서관, 1969), 397쪽.
11) 위의 책, 2(1971), 404쪽.
12) 위의 책, 179쪽.
13) 이 점에 대해 서영희, 〈1894~1904년의 정치체제 변동과 궁내부〉(《한국사론》 23, 1990)를 참조.
14) 《한말근대법령자료집》 2, 542쪽.
15) 《서울 6백년사》 제3권(서울특별시, 1979), 989~990쪽.
16) 이태진, 앞의 글, 17쪽.
17) 위의 글, 16~17쪽.
18) 刈部直, 〈'利欲世界'と'公共の政' ― 橫井小楠·元田永孚〉(《國家學會雜誌》第104卷 1·2號, 1991), 141쪽을 참조.
19) 《황성신문》 광무 2년 11월 1일.
20) 이상 1898년 10월부터 11월에 걸친 고종과 독립협회의 움직임에 대해서는 유영렬, 〈개화기의 민주주의정치운동〉(《韓國史上의 정치형태》), 270~277쪽 참조.
21) 《한말근대법령자료집》 4, 165쪽.
22) 이 점에 대해서는 앞의 《조선오지기행》 2, 69쪽, 안스 그랩스트의 《悲

劇의 朝鮮》(白帝社, 1989), 178쪽 ; F. A. 맥킨지의 《朝鮮의 悲劇》(平凡社, 1972), 161~162쪽 등을 참조.

23) 市川正明 編, 《韓國倂合史料》2(原書房, 1978), 512, 925쪽.

24) 《伊藤博文傳》下卷(春畝公追頌會, 1940), 772~773쪽.

25) 이 행차에 대해 상세한 것은 原武史, 〈一九〇七年の嘉仁皇太子〉(《社會科學研究》第47卷 第2號, 1995)를 참조.

26) 《朝鮮統治史料》제4권 日韓合邦 Ⅱ(한국사료연구소, 1970), 711쪽.

27) 葛生能久, 《日韓合邦秘史》上(黑龍會出版部, 1930), 354~355쪽.

28) 《伊藤博文傳》下卷, 800~801쪽.

29) 〈巡幸ト地方敎育〉(《日本植民地敎育政策史料集成(朝鮮篇)》 第66卷, 龍溪書舍, 1991), 28, 31쪽.

30) 위의 글, 7~8, 10, 13, 28쪽.

31) 《朝鮮新報》明治 42년 1월 16일자.

32) 《대한매일신보》융희 3년 1월 17일자.

33) 〈巡幸と地方敎育〉, 12쪽.

34) 위의 글, 27쪽.

35) 위의 글, 31쪽.

36) 葛生能久, 《日韓合邦秘史》下, 50쪽.

37) 위의 책, 53쪽.

38) 宮地正人, 《日露戰後政治史の硏究》(東京大學出版會, 1982), 266~267쪽을 참조.

끝맺으며

—'일군만민'의 행방

한국'합병' 약 1년 뒤인 1911년 5월에 조선을 시찰한 하라 다카시(原敬 : 1856~1921)는 조선에서 '동화'가 머지않아 가능하다는 전망을 다음과 같이 일기에서 쓰고 있다.

조선은 대체로 현재의 방침으로도 가능하지만, 세부적인 부분에서 조선인에 대한 처리는 크게 주의를 필요로 하는 것이 많다. 조선인은 일본인이 되기를 매우 바라고 있으며, 또 예상 밖으로 일본어도 빨리 배운다. 그리고 상류 귀족이라는 부류는 표면상으로는 뭔가 비통한 말을 하는 것 같지만 내심은 모두 크게 기뻐하며 조금이라도 돈이 있으면 만족한다. 하층민들도 일본의 정책에 기뻐하는 것 같다. …… 내가 예전부터 생각한 대로 조선인을 일본인과 똑같이 교육시켜 일본으로 동화시키는 일이 쉽게 될 것이 점점 확실해진다.(《原敬日記》 1911년 5월 31일)

하라가 말한 "현재의 방침"이 당시 데라우치 총독 아래서 시행되고 있던 이른바 무단통치를 지칭하고 있음은 말할 것도 없다. 그 내용만 간단히 보자. '합병'과 더불어 제정 공포된 '조선총독부 관제'에 따르면 총독은 육해군·대장 가운데서 선발되어 천황에게만 직예(直隷)하면서, 조선의 입법·행정·사법의 3권을 독점하는 등 절대적인 권한을 갖고 있다. 이런 관제를 토대로 설치된 헌병경찰이 총독의 지휘 감독을 받는 형식으로 맹위를 떨쳤다. 일본인들이 감시의 눈을 번뜩이며 집회·결사·언론·출판 등의 자유를 탄압함으로써 조선인이 밑에서부터 저항하는 것을 철저하게 억압하려 했던 것이다.

그런 위에 조선인을 일본인으로 동화시키기 위한 교육이 도입되었다. 하라가 서울을 방문한 직후인 1911년 8월에 〈조선교육령〉이 제정 공포된 것이다. 조선어와 한문 시간을 제한하고, 일본어와 수신(修身)을 필수로 만드는 것 등을 통해 "제국신민(帝國臣民)으로 될 수 있는 자격과 품성을 갖추기" 위한 교육 보급이 철저하게 계획된 것이다.

그러나 실은 총독부에서 일상의 정무를 주최한 것은 무관 출신의 총독이 아니라 총독을 보좌하기 위해 만든 내무관료 출신의 정무총감(政務總監)이었고, 총독은 이른바 사후 승인할 뿐이었다.[1] 그런 뜻에서 총독의 지위는 대한국국제 아래의 황제보다는 오히려 대일본제국헌법 아래의 왕에 가까운 권위적인 것이었다고 할 수 있다.

그리고 메이지천황이 초기에 전국으로 행차를 했듯이, 총독인 데라우치도 1910년대에 조선 각지를 시찰하는 순시를 적극적으로 추진해 간다. 데라우치는 때로는 이미 부설된 철도와

'합병' 후에 신설된 철도를 이용하고, 때로는 자동차와 배를 이용하여 전국을 샅샅이 돌아다녔다. 총독의 중요한 역할 가운데 하나가 바로 이 순시였음은 데라우치가 총독을 사임한 후에도 역대 총독들이 계속 순시했다는 사실을 보아도 분명할 것이다.

참고로 데라우치가 총독 재임기간 동안 실시한 주요 순시를 날짜와 주요 목적지를 한정해서 언급해 둔다.

1911년 10월 전라북도 군산, 평안북도 신의주
1912년　6월 평안남도 평양·사동·진남포(현 남포)
　　　　10월 강원도 철원
　　　　11월 경상북도 대구·경주
1913년　3월 전라북도 전주·군산, 전라남도 목포·광주,
　　　　　　 경상남도 진주·마산·부산
　　　　5월 충청북도 청주, 충청남도 공주·부여·논산
　　　6, 7월 함경북도 청진·회령·나남·경성·성진,
　　　　　　 함경남도 함흥·원산
1914년　8월 경기도 수원
1915년　3월 경상북도 김천, 경상남도 진주, 전라남도 목포
　　　　8월 함경남도 원산, 강원도 장전·온정리·금강산
1916년　5월 경기도 수원, 충청북도 충주·청주, 충청남도 공
　　　　　　 주, 경상북도 김천·대구

그는 1916년 10월 하세가와 요시미치(長谷川好道 : 1850~1924)에게 총독 지위를 물려준 뒤, 일단 일본으로 돌아가 내각 총리

대신이 된다. 사직 후에는 다시 조선으로 돌아와, 1919년에 평안북도의 신의주·의주·정주와 황해도의 재령·해주, 그리고 강원도의 춘천을 시찰하는 등 죽기 직전까지 계속 순시하였다.

데라우치가 죽은 뒤에 편찬된 《원수 데라우치 백작전(元帥寺內伯爵傳)》(元帥寺內伯爵傳記編纂所, 1920)에서는 순시를 다음과 같이 기록하고 있다. "백작의 발자취가 여기에 미처 13도에 이르니, 오직 강원도의 동해안, 제주·울릉 두 섬, 강계·자성·갑산 등 오지만 가지 못한 것이 유감이다." 데라우치는 조선왕조의 역대 국왕과 황제 가운데 어느 누구도 할 수 없었을 정도로 광범위한 지역을 겨우 7년 만에 순시하였던 것이다.

이들 순시에서는 그때마다 철로나 도로 주변에 사는 지방 유지와 학생들이 많이 동원되었다. 예를 들면 1915년 3월 순시에서 데라우치가 승차한 경부선의 성환에서 김천에 이르는 각 역에서는 다음과 같은 광경이 연출되었다.

조치원·대전·영동·추풍령 등 모든 곳에서 관리와 지방 유지, 학생들이 정렬하여 환영하였다.(〈總督南鮮巡視誌〉 3월 11일)

그리고 1916년 5월 순시에서도 데라우치가 하차한 경부선의 영등포역과 자동차로 방문한 수원군 내의 연도에서 다음과 같은 광경이 나타났다.

영등포에 하차하자 시흥군수 홍종국(洪鍾國) 이하 직원과 지방 유지, 공립보통학교 및 소학교 직원과 학생, 재향군인 등이 역전에서 정렬하여 경의를 표하였다. 총독은 일일이 친밀하게 인사하였다.(〈寺內總督南鮮三道巡視誌〉 5월 10일)

보병 제79연대의 1중대를 시작으로 농림학교·공립보통학교·소학교·재향군인 등의 단대(團隊), 권업모범장·자혜병원·군청·경찰서·우편국 등의 직원, 도·군 참사(參事)와 그 밖의 지방 관민 1천여 명이 정렬하여 정중히 맞이하였다.(위와 같음)

결국 일본에서 왕이 행차할 때와 마찬가지로 철로의 각 역과 도로 주변에서도 조선인들이 질서정연하게 정렬하여 총독이 탄 열차와 자동차를 향해 일제히 경례하는 광경이 일반적으로 나타나게 되었다. 이것이 전국 규모에서 전개되고 있던 것이 1910년대의 조선이었다. 사람들이 이런 행위를 되풀이함으로써 어느덧 모범적인 '제국신민'으로 되어 간다. 그와 동시에 1909년의 순종 행차 때처럼 일본의 '지배'에 대한 밑으로부터의 뿌리깊은 저항은 보이지 않게 되었다.

게다가 주목해야 할 것은 데라우치가 조선 전역을 순시했던 이 시기가 바로 서울에서 지방으로 근대문명이 파급되어 가던 시기에 해당한다는 점이다. 그 예로 철도를 들면, 1911년 10월에는 경부선의 분기점인 충청남도 대전과 전라남도 목포를 잇는 '호남선' 가운데 대전과 충청남도 연산 사이, 이어 11월에는 경의선의 신의주와 중국 안봉(安奉)철도의 안동(安東 ; 현재 단동)을 잇는 압록강 철교, 그리고 1912년 10월에는 서울과 원산을 잇는 '경원선' 가운데 용산과 철원 사이가 각각 개통되었는데, 데라우치가 이들 개통식에 모두 참석하였다. 그 후 1914년 1월에 호남선이, 8월에 경원선이 완전히 개통되었다. 그는 이듬해 3월에 호남선과 8월에 경원선을 다시 순시하였다. 이처럼 데라우치가 신노선의 개통식에 참석하고 새로 개통한 철로 주변을 시찰함으로써 철로 주변의 주민에게 문명을 가져다주는 은혜자로서 총독의 존재를 의식시키려 한 것이다.

이 밖에도 데라우치가 시찰한 지역에서는 그때를 맞춰 도로와 항만이 정비되고, 전기가 일제히 점등되는 등 시가지에 큰 변화가 일어나고 있었다. "백작이 지나간 지방의 도로행정은 갑자기 모습을 바꾸어 자동차가 지나갈 수 있을 정도로 개선되었다."(《元帥寺內伯爵傳》) 결국 데라우치는 총독으로서 헌병경찰을 지휘하는 한편, 방문한 지방의 사람들에게는 강력한 권력자로서가 아니라 이른바 문명의 사도로 다가섬으로써 사람들의 저항감을 약화시키려 했던 것이다.

그런데 이런 '전략'은 1907년부터 12년에 걸쳐 요시히토 황태자가 일본 국내를 여행한 데서 그 원형을 찾을 수 있다. 앞에서 서술했듯이 1907년 10월 한국을 방문하기 전에 황태자는 5월부터 6월까지 교토부 북부와 돗토리(鳥取), 시마네(島根) 두 현을 공식적으로 방문하였다. 이때 이들 부현에서는 황태자 방문과 때를 맞춰 철도[山陰線] 개통과 도로 정비, 전기 점등, 전화 개통이 있었다. 이러한 근대문명은, 처음 보는 황태자가 탄 열차 및 마차와 함께 지방 주민에게 '입기 어려운 왕은(王恩)'을 구체적으로 실감시켜 주는 절호의 무대장치로서 역할을 했던 것이다.[2] 데라우치의 순시도 이런 역할을 했으리라 생각된다.

이처럼 조선에서는 이른바 당근과 채찍을 사용하는 총독부의 교묘한 통치를 통해 일본에 '동화'시키는 작업이 진행되고 있었다. 하라 다카시가 예상한 대로 '동화'가 착실하게 성과를 거둔 것처럼 보였다. 그러나 1919년 1월 경운궁에 은거해 있던 고종이 죽은 뒤 상황은 다른 방향으로 나아가기 시작하였다. 고종이 강제로 퇴위당할 당시 궁내부는 고종의 장수를 기원하여 경운궁을 '덕수궁'으로 불렀는데, 이후 고종은 '덕수궁이태왕'이라는 이름의 일본 황족으로 되어 있었다. 그런 고종이 68세로 죽은 것이다.

일본측 기록에 따르면 사인(死因)은 뇌일혈이었다. 그의 죽음은 묘하게도 정조의 죽음과 흡사한 반향을 조선인들 사이에 불러일으켰다. 고종은 병으로 죽은 것이 아니라 일본인 손에 독살되었다는 풍문이 순식간에 전국으로 확대된 것이다.

사람들은 '일군만민' 사상을 내걸면서 일본의 보호정치와 통감정치에 저항한 고종의 모습을 결코 잊지 않았다. 풍문은 그런 사람들 사이로 뚫고 들어간 뒤 어느덧 진실이 되었고, 하나의 신념으로 변했다. 고종의 국장(國葬)이 3월 3일로 결정되자, 고종을 추모하는 수많은 사람들이 국장에 참석하기 위해서라며 일본이 놓은 철도를 타고 서울로 모여들었다. 3월 1일 그 인파가 수천 명의 학생 및 시민들과 합세하여 정조가 과거 상언·격쟁을 자주 받았던 장소 근처에 만들어진 탑골공원에서 일본으로부터 독립을 선언하고 일제히 만세를 불렀다. 이른바 '3·1만세운동'이다.

'독립만세'를 외치는 소리는 서울에서만 들린 것이 아니었다.

이때 평양과 의주·대구·개성을 비롯한 조선 각지에서도 똑같이 만세운동이 있었고, 운동은 곧장 지방 농촌으로까지 확대되었다. 벌써 사라졌어야 할 1909년 1월부터 2월에 걸친 행차 때의 광경이 과거의 황제, 고종의 죽음을 계기로 오히려 더 큰 모습으로 재현된 것이다.

조선왕조에서 형성된 '일군만민' 사상이 '합병' 후에도 사람들 사이에서 분명히 계승되고 있었던 것이다.[3] '동화'가 성공한 것처럼 보였던 것이 이제 착각에 지나지 않았음이 분명해졌다. 당황한 총독부는 군대와 헌병경찰을 동원해 대대적인 탄압을 시작하였다. 물론 그 내용을 상세하게 말할 필요는 없을 것이다. 다만 한 가지 언급해 두고 싶은 것은 만세운동이 일어난 이듬해에 경복궁 앞에 새로운 총독부 건물이 본격적으로 건설되기 시작했다는 점이다.[4] 서양풍의 거대한 이 건물은 바로 왕궁의 존재 자체를 사람들 눈에서 완전히 보이지 않게 하려는 것이었다.[5]

고종이 죽은 지 7년 남짓 지난 1926년 4월, 마지막 왕인 순종도 죽었다.[6] 이 해 12월에는 과거 대한제국을 방문하여 고종·순종과 회견했던 다이쇼 천황도 죽음으로써 시대는 쇼와로 넘어간다. 쇼와 천황(昭和 : 1901~89, 재위 1926~89)이라는 새로운 천황이 즉위한 것이다.

쇼와 천황의 즉위례(卽位禮)와 대상제(大嘗祭)는 즉위한 지 약 2년 뒤인 1928년 11월에 거행되었다. 11월 6일 천황은 즉위례와 대상제를 위해 도쿄를 출발, 도카이도 본선에서 교토로 향했다. 도중에 나고야(名古屋)에서 하차한 뒤 일박하고, 7일에 교토에

도착, 곧장 숙소로 갔다. 10일에 즉위례를, 14일부터 15일 새벽까지 대상제를 숙소에서 거행한 뒤, 19일에는 도카이도 본선, 구사쓰선(草津線), 간사이선(關西) 본선, 산구선(參宮線)을 이용해서 미에현(三重縣) 우지야마다(宇治山田市 ; 현 이세시)에 있는 이세신궁에 참배한 뒤 22일에 교토로 돌아왔다. 23일에는 나라선(奈良線)과 사쿠라이선(櫻井線)을 이용하여 나라현 우네비마치(畝傍町 ; 현 가시하라시)에 있는 진무(神武) 황릉을, 24일에는 교토 시내의 센뉴사(泉涌寺)에 있는 진코(仁孝), 고메이(孝明) 황릉을, 25일에는 다시 나라선을 이용하여 교토부 후시미초(伏見町 : 현 교토시 후시미구)에 있는 모모야마 어릉(桃山御陵 : 메이지 황릉)을 각각 참배하였다.

이들 행차길에는 평균 100미터 이내로 경비가 섰고,[7] 놀랄 정도로 사람들이 질서있는 행동을 연출하는 가운데 열차는 15초 단위로 정밀하게 만든 철도운행표에 따라 착실히 달리고 있었다. 당시 《도쿄아사히신문》 논설위원으로 일하던 야나기다 구니오(柳田國男 : 1875~1962)는 '어발련(御發輦)'이라 제목을 붙인 그날 아침 사설에서 다음과 같이 기록하고 있다.[8]

멀리 있어서 열차를 직접 볼 수 없는 사람들까지 모두 똑같이, 연일 의식이 삼엄하게 거행되고 의식을 준비하는 자들이 조금의 실수도 없이 시종 삼가하여 직분을 다하기를 기도하였다. 이와 같은 민심의 통일은 지금까지는 볼 수 없었던 일로, 단지 옛 방식에 준거하여 구제도를 보존함으로써 황실문화의 빛나는 면모가 살아나는 것처럼 이해하는 사람들이 다시 한번 크게 깨우치지 않으면 안 되는 점이다.

메이지 대제의 웅대한 계획 아래 끊긴 지 오래된 제국 순행의 제도가 부활하였다. 이제 다시 이 시대의 시작을 알리는 의식의 일부로 황위의 상징인 신기(神器)를 받들고 도쿄와 교토의 사이를 왕복함으로써 연선(沿線)의 노인이 바로 눈앞에서 옛 신의 모습을 다시볼 수 있도록 한 것은 정말로 일찍이 없었던 장거이며, 길게 후세에이르기까지 국운이 일어나리라 감명케 하기에 충분하다.

모든 의식을 마친 천황은 예정대로 11월 27일에 도쿄로 돌아왔다. 야나기다가 기대한 바와 같이 '일찍이 없었던 장거'이자 '민심의 통일'을 보여준 이 행차는 한치의 실수도 없이 진행되어 무사히 성공적으로 끝난 것처럼 보였다. 적어도 신문이 전하는 바에 따르면 그렇다.

그러나 정확하게 말하면 11월 25일에 모모야마 어릉 참배를마치고 교토로 돌아온 천황이, 삼엄한 경계가 취해진 교토역에서 숙소로 이르는 길을 지나갈 때 어떤 일이 일어났다고 한다. 연도에 선 사람 가운데서 갑자기 한 사람이 통제를 위해 쳐놓은줄 아래로 몰래 들어와 천황이 탄 차를 향해 '직소'라 외치면서접근하려고 했다. 이상이 생겼음을 알아차린 사복 순사가 곧장이 사람에게 달려들어 몸을 덮쳤기 때문에 직소는 실패로 끝났다. 그것은 순식간에 일어난 일이었기에 왕은 알아차리지도 못한 채 미연에 해결되었다.

직소를 시도한 사람은 경상북도 출신으로 당시 효고현(兵庫縣) 시카마군(飾磨郡)에서 우산 수선을 익히고 있던 이희구(李熙

龜 ; 필명 **李慶煥**)라는 27살의 청년이었다. 체포된 그의 손에는 총독정치의 청산을 요구하는 대신 '폐하의 신민'으로서 일할 것을 약속하는 다음과 같은 직소장이 굳게 쥐어져 있었다.

> 전(前) 한국인 이경환이 감히
> 존엄을 무릅쓰고 여기에 삼가 공경하는
> 우리 천황폐하께 바라는 바가 있습니다.
> 1. 왕의 시정 아래에서 민족적 차별이 있다면 동양평화의 정신을 막는 것입니다. 민(民) 등 2천만 민족도 폐하의 신민인 이상 국가를 위해 일하기 때문에 다음과 같은 사항을 거듭 머리를 조아리며 바라는 바입니다.
> 사항
> 1. 조선총독부를 폐지할 것.
> 1. 내지(일본)와 같이 중의원 의원을 뽑을 것.
> 1. 내지와 같이 징병할 것.
> 1. 재외 조선인을 내지인과 똑같이 보호할 것.
> 1. 기타 정치적 차별을 폐지할 것.
>
> 쇼와 3년 11월 25일
> 민 이경환 엎드려 고합니다.[9)]

일본인들이 일사불란하게 천황의 행렬을 '봉영(奉迎)'하는 상황 속에서, 천황을 '현인신'으로서가 아니라 유교적 유덕자(有德者)로 인식하고 민족차별의 철폐를 천황에게 직소하려고 한 이 희구의 모습이야말로, 3·1운동 이후에도 아직 조선식의 일군만민(군민일체) 사상이 조선인의 마음속에 이어져 내려오고 있었음을 말해 주고 있다고 하겠다. 그리고 이렇게 직소에 나선 이희구조차도 민족차별의 철폐를 달성하여 일본 '천황의 신민'이 되려고 생각했다는 사실은, 일제에 의해 자행된 식민지 조선에서의 동화정책이 얼마나 강력한 것이었는가를 나타내주고 남음이 있다.

주 —————

1) 《朝鮮總督府官制とその行政機構》(友邦協會, 1969), 16~17쪽.
2) 이 점에 대해 상세한 것은 原武史, 〈1907年の嘉仁皇太子〉를 참조.
3) 고종에 대한 사람들의 '존왕사상'이 3·1독립운동을 일으켰다는 최근
   의 해석으로 안천,《황실은 살아 있다》(인간사랑, 1994), 13~36쪽을
   참조.
4) 《朝鮮》1920년 8월호의 68쪽에 따르면, 이 해 7월 10일에 조선총독부
   신축 청사의 定礎式이 있었다고 한다.
5) 이 건물은 해방 50주년을 맞은 1995년에 해체되기 시작하였다. 8월
   15일에 첨탑 부분을 철거하던 행사는 아직도 기억에 새롭다.
6) 순종의 국장일로 정해진 이 해의 6월 10일에도 서울의 청년과 학생
   들은 인쇄물을 뿌리고 독립만세를 외치며 '6·10만세운동'을 일으켰다.
   서울에서 전국으로 번진 3·1운동에 비해 규모는 적었고, 검거된 수는
   약 200명에 이른다.
7) 田中眞人, 〈1928年の天皇卽位大典と鐵道輸送〉(《鐵道史學》第7號,
   1989), 2쪽.
8) 원문은 '京都行幸の日'로 되어 있고, 내용도 약간 다르나, 여기서는
   신문에 발표된 문장을 실었다.
9) 內務省警保局 編,《昭和大禮警備記錄》下(國立公文書館 所藏, 1929),
   125~126쪽.

후 기

한국에서 본 두 가지 장면이 아직도 인상에 남아 있다. 하나는 텔레비전의 특집이다. 1995년 2월 25일 저녁, 나는 서울의 호텔에 있었다. 텔레비전을 켜자 KBS의 '차세대와 함께 미래를 연다'는 프로그램이 방송되고 있었다. 바로 이날은 김영삼 씨가 대통령으로 취임한 지 2주년을 맞았기 때문에 1시간 정도 특별 프로그램을 만든 것 같다. 경복궁 북쪽에 있는 대통령 관저 '청와대'에서 생중계되었다. 평소 대통령 기자회견장으로 사용된 곳에서 이날만은 학생과 주부, 회사원, 그리고 시민 수십 명이 대통령을 중심으로 둘러앉아 있었다. 정장 차림은 한 명도 없고 모두 평상복 차림이었다. 그리고 대통령 역시 장소와 어울리지 않아 보이는 듯한 편한 차림을 하고 있었다. 시민과 대통령 사이에는 뭔가 편안한 분위기가 감돌았다.

처음에 나는 왜 청와대에 일반 시민들이 모였는지를 알지 못했다. 그런데 그 의문은 프로그램을 보고 나서 풀렸다. 대통령의 취임 2주년을 기념하는 이날, 그들은 시민의 입장에서 대통령에게 의견과 질문을 직접 하기 위해 모였던 것이다. 내용은 2년 동안에 실시한 대통령의 정책 전반에 대한 것이었다. 그 가운데는 물가와 경기 대책처럼 꽤 날카로운 질문도 있었다. 대통령은 그런 질문과 의견 하나하나에 대해 겸허하게 귀를 기울이고 정중하게 답하고 있는 것처럼 보였다. 일본의 식민통치를 받았으면서도, 과거의 조선왕조에서 형성된 정치문화가 지금도 뿌리 깊게 남아 있음을 알고 나는 이상한 감동을 받았다.

인상에 남은 또 한 가지 장면은 서울의 지하철 안에서이다. 당시 서울에는 지하철이 5호선까지 있었는데, 어느 선을 타도 같은 광경을 볼 수 있었다. 객차와 객차 사이를 지나면서 신문을 파는 학생, 껌을 파는 아이들, 천주교를 전도하는 중년의 남성, 하모니카를 불며 돈을 받기 위한 바구니를 들고서 차 안을 배회하고 있는 맹인(사실은 맹인이 아니라는 이야기도 있다), 그리고 심지어는 바늘과 장갑, 쌍안경 등을 값싸게 팔기 위해 객차 한가운데에서 물품을 설명하고 있는 남성, 이런 다양한 사람들이 차례차례로 나타났다가 사라지는 것이다.

내가 놀란 것은 그들을 대하는 승객의 태도가 따뜻하며 서비스 정신에 차 있었다는 점이다. 예를 들면 쌍안경의 경우는 차안에서 팔기에는 어렵지 않을까 생각하는데, 설명의 효과가 있었던 탓인지 뜻밖에도 잘 팔렸다. 승객 가운데는 금방 산 쌍안경을 꺼내 차 안을 둘러보는 순진한 사람도 있었다. 법으로 이런 영업행위가 금지되어 있는 것 같은데, 파는 쪽도 사는 쪽도 그런 것에 구애받지 않는 풍경이었다. 일본의 지하철에서는 이런 광경을 결코 볼 수 없다. 그런데 여러 사람들이 차례로 들어와 소란을 피우는 광경은 본문에서 언급한 조선왕조의 정치문화, 즉 일반인들이 국왕의 행렬을 언덕 위에서 자유롭게 내려다본다든가, 행렬 가에서 평소처럼 태연히 찻집을 열고 있는 정치문화와 통한다는 생각이 들어 정말 홍미로웠다.

이 책은 내가 근무하는 도쿄대학 사회과학연구소의 정기 간행물 《사회과학연구》 제47권 제1호(1995년 8월 발행)에 실린 논문 〈조선형 '일군만민' 사상의 계보 — 일본과 비교하여〉를 크게 첨가하고 수정한 것이다.

이 논문을 쓸 당시 서울대학교 인문대학 국사학과의 이태진 교수는 한 차례의 전화 연락만으로 대학의 연구실을 방문한 나를 따뜻하게 맞아주었다. 그리고 더듬거리는 한국말 질문에 대해 친절하게 답해 주신 데다 귀중한 논문까지 제공해 주셨다. 그리고 재한일본대사관의 전문조사원을 지낸 후루카와(古川美佳)는 바쁜 공무에도 짬을 내어 한국에 있는 논문 복사와 전문서 우송 등을 흔쾌히 허락해 주었다. 이번 기회에 두 분의 호의와 관심에 깊이 감사드린다.

또한 대학원 시절의 지도선생이며, 지금도 같은 직장에서 많은 이야기를 나누고 있는 히라이시(平石直昭) 선생께서는 일찍이 논문에 눈을 돌렸을 때 몇 가지 엄격한 비판과 적절한 조언을 해주셨다. 마음으로 감사드리고 싶다. 그러나 이 책에서는 오로지 나의 능력 부족으로 그 내용 모두를 살리지 못했다. 이후의 과제로 삼고자 한다.

도쿄대학 법학부의 와타나베(渡邊浩) 선생은 나의 논문을 한국과 일본의 조선사 연구자에게 널리 소개해 주신 데다 한일 공동 역사연구의 장에 나를 소개해 주셨다. 대학원 시절에 입었던 학은과 더불어 감사의 뜻을 표하고 싶다.

아사히신문사 출판국의 오카(岡惠里) 씨는 초고 단계에서부터 끝까지 많은 이야기를 해주었다. 또한 많은 부분 결말을 맺지 못한 미숙한 논문을 단행본으로 내기에는 대단한 용기도 필요했지만, 논문 형식에 익숙해 있는 나로서는 자신의 문체를 고칠 기회도 없었다. 귀중한 기회를 준 것에 깊은 감사를 드리고 싶다.

끝으로 대학시절 서양정치이론사의 연습 지도를 받은 이후, 전공분야는 다르면서도 항상 이해와 따뜻한 격려를 해주셨으며, 1994년 6월에 타계하신 와세다대학 정경학부의 후지와라(藤原保信) 선생의 영전에 이 서툰 책을 바치고 싶다.

1996년 1월
하라 다케시

찾아보기